# RÉGIME PROVINCIAL

## DE L'ADMINISTRATION DÉPARTEMENTALE

À PROPOS

D'UNE ÉTUDE HISTORIQUE

SUR L'ORGANISATION DE L'ADMINISTRATION

DES

# PROVINCES

DANS L'ANCIEN RÉGIME

PAR

## VICTOR DE VALENCE DE MINARDIÈRE

THÈSE POUR LE DOCTORAT

SOUTENUE LE 30 JUIN 1870

PARIS

IMPRIMERIE DE E. DONNAUD

9, RUE CASSETTE, 9

1870

# DU RÉGIME

## DE L'ADMINISTRATION DÉPARTEMENTALE

### EN DROIT FRANÇAIS

PRÉCÉDÉE

#### D'UNE ÉTUDE HISTORIQUE

SUR L'ORGANISATION ADMINISTRATIVE

DES

# PROVINCES

DANS L'ANCIEN RÉGIME

PAR

## VICTOR DE VALENCE DE MINARDIÈRE

---

### THÈSE POUR LE DOCTORAT

SOUTENUE LE 30 JUIN 1870

---

**PARIS**

IMPRIMERIE DE E. DONNAUD

9, RUE CASSETTE, 9

1870

# INTRODUCTION.

Il est nécessaire de remonter à l'origine même des prov'nces romaines pour se rendre compte de l'état d'infériorité dans lequel elles étaient placées vis-à-vis de la métropole, infériorité qui se traduisait, en droit, par l'obligation de payer tribut, en fait par un vaste système d'oppression, et permettait à Cicéron de s'exprimer sur leur compte en ces termes : « Quasi quæ- » dam prædia P. R., sunt vectigalia nostra atque » provinciæ (1). »

Ce fut en effet au territoire des peuples vaincus par ses armes, et, parmi eux, à ceux-là seuls qui étaient situés hors de l'Italie que Rome donna le nom de provinces « quod populus romanus eas provicit, » dit Festus (2).

Leurs habitants reçurent la dénomination générique de pérégrins.

Ils étaient gouvernés à l'origine par des préteurs, nommés par le sénat, investis de l'autorité pendant

(1) 2ᵉ action contre Verrès, II, 3.
(2) Festus, vᵒ *Provinciæ*.

un an, et répartis entre les provinces par la voie du sort. Leur pouvoir était fort étendu (1). Ce n'était pas seulement, comme pour les préteurs urbains et périgrins, le droit de rendre la justice, ils réunissaient dans leurs mains les attributions divisées à Rome entre les différents magistrats de la république (2).

Cependant le cercle des provinces s'étendant, et d'autre part l'établissement des *quæstiones perpetuæ* sorte de tribunaux criminels permanents p… siaés par des préteurs, exigeant la présence à Rome de plusieurs de ces magistrats, on décida, pour ne pas augmenter indéfiniment leur nombre, que les préteurs passeraient à Rome l'année de leur élection et l'année suivante iraient gouverner les provinces en qualité de *propréteurs*. Par là on obtint ce double résultat, diminuer d'une part le nombre des magistratures, et de l'autre donner aux provinces des administrateurs éclairés par une première année de gestion.

Ce ne fut que plus tard, et à la fin de la république seulement que la même règle fut appliquée aux consuls.

Aux *propréteurs* et aux *proconsuls* on adjoignait des *questeurs* et des *legati*. Les premiers, chargés de l'administration financière des provinces, étaient attribués à chacune d'elles par la voie du sort ; parfois cependant on abandonnait leur choix aux gouverneurs eux-mêmes.

Les *legati* nommés par le sénat ou choisis par les

(1) Ulp. L. 8, D. *De offic. procons.* « Et ideo majus imperium in
» ea provincia habet omnibus, post principem. »
(2) Ulp., L. 7, D. *De off. procons.*

gouverneurs, étaient simplement les lieutenants de ces
derniers et administraient en sous-ordre (1).

Gaïus, traitant au livre II de ses Commentaires de la
division des choses, nous dit que les provinces n'é-
taient point soumises à une législation uniforme. Chacune d'elles avait sa situation légale particulière, résultant, et de la loi ou décret qui réduisait un pays
conquis à l'état de province romaine (2) (*formula
provinciæ*) et des lois ou sénatus-consultes faits à Rome,
tantôt pour toutes les provinces, tantôt seulement
pour l'une d'elles, et enfin de l'édit rendu par le gouverneur à son entrée en fonctions, édit calqué en
général sur l'édit romain (3).

Ajoutons encore, sans entrer ici dans de plus grands
détails, que les cités de la même province n'étaient
pas toujours régies par des dispositions identiques.

Les choses restèrent dans cet état jusqu'à l'avéne-
ment d'Auguste.

Auguste partagea les provinces en deux classes : les
unes appartenant au peuple romain et au sénat, les
autres au prince (4). Cette distribution n'avait point
été laissée au hasard. Ainsi que le remarque Dion, en
prenant pour lui les provinces les plus exposées aux

(1) Pomponius. L. 13. D. *De offic. procons.*

(2) [Cicéron dans sa seconde action contre Verrès, invoque une loi
de ce genre, un décret nommé loi Rupilia, rendu par un général
romain de ce nom, en vertu d'un S.-C. et sur l'avis de dix députés
habitants de la Sicile. (2e action, liv. II, par. XIII). Ce passage a
trait à la compétence du juge appelé à statuer sur un procès entre
Siciliens.]

(3) Gaïus, Comm., 1, § 6.

(4) Gaïus, Comm., II, § 24.

attaques des barbares, en laissant au sénat les terri-
toires les plus fertiles et les moins agités, Auguste
put, tout en se donnant les apparences du dévouement,
garder à sa disposition les armées dont la présence lui
était nécessaire à l'effet de résister aux ennemis du
dehors et du dedans (1).

Les gouverneurs du sénat pris parmi ses membres
portaient le nom de *proconsuls*. Comme les anciens
préteurs, ils étaient choisis par le sort et ne restaient
en fonctions que pendant un an. Leurs attributions
étaient purement civiles ; ils n'avaient rien de la puissance militaire dont ils ne portaient ni les insignes, ni
le costume.

Tout autre était l'autorité des *lieutenants du prince*.
Bien qu'ils n'eussent que cinq licteurs, un de moins
que les proconsuls, bien que leur titre fût plus mo-
deste, ils avaient en réalité une plus grande somme de
pouvoirs. Nommés par l'empereur dont la volonté
seule leur faisait quitter leur charge, ils cumulaient
les fonctions civiles et militaires.

Les *proconsuls* avaient auprès d'eux des *legati*, leurs
lieutenants, et un questeur chargé de l'administration
financière. Dans les provinces impériales, les lieutenants étaient choisis par le gouverneur sous l'approbation du prince. Il y avait de plus un magistrat
nommé *procurator Cæsaris* chargé du recouvrement
des contributions ; on lui abandonnait fréquemment
le gouvernement des petites provinces, ainsi que les
parties éloignées des grandes.

(1) « *Vere autem id fuit, ut illi inermes et imbecilles essent atque ut
ipse armatus secum milit-s haberet.* (Dion. L. LIII, p. 49, éd. de 1531.)

Nous avons vu que la politique n'était pas restée étrangère au partage fait par Auguste des différentes provinces de l'empire entre le peuple romain, le sénat et lui. Ce fut par un motif pareil qu'il s'attribua et donna même une organisation particulière à l'Égypte. Cette province éloignée de Rome, d'un accès difficile, habitée par une population mobile et remuante, aurait pu créer de graves difficultés à l'empire, si elle se fût constituée en royaume indépendant sous l'autorité de quelque gouverneur influent. Auguste ne voulut point qu'un sénateur pût être appelé à l'administrer, ni même qu'un sénateur y séjournât sans son autorisation. Il en confia le commandement à un *legatus* sous la dénomination de *præfectus augustalis.*

Vu sa grande importance, Alexandrie formait une circonscription à part, et la justice y était rendue par un magistrat nommé *juridicus Alexandriæ.*

Au nom de *legatus*, on substitua plus tard celui de *præses*, et cette dénomination finit par s'appliquer d'une façon générale à tous les gouverneurs des provinces (1).

Ce ne fut pas du reste un simple changement de nom. A mesure que le pouvoir s'accrut sur la tête des successeurs d'Auguste, les empereurs mirent moins de soin à respecter les droits et les institutions auxquels leurs prédécesseurs avaient au moins conservé un semblant d'existence, et le domaine du peuple devint le domaine du prince, comme à Rome la puissance impériale absorba le pouvoir du sénat, et les vieilles magistratures de la république.

(1) Macer, L. 1, D. *De offic. præsidis.*

Nous devons mentionner ici l'existence d'une des plus grandes institutions de l'empire, les *préfets du prétoire*. Ces fonctionnaires, dont on peut retrouver l'origine dans les *tribuni celerum* des premiers rois, mis de côté par la république, reparurent sous Auguste et devinrent bientôt les premiers dignitaires de l'empire. De simples capitaines des gardes, ils finirent par centraliser entre leurs mains, à la fois, les fonctions civiles et les fonctions militaires; disposant à leur gré des cohortes prétoriennes, ils menacèrent leur maître dans mainte circonstance et on a pu à juste titre les comparer aux maires du palais de l'époque carlovingienne. Séjan et Pérennis sous les empereurs Tibère et Commode montrèrent plus particulièrement à quel degré de puissance pouvaient prétendre les préfets du prétoire.

Ce fut pour prémunir le pouvoir impérial contre les dangers d'une pareille institution, que Dioclétien chercha à inaugurer un nouveau système d'administration dans toute l'étendue de l'empire. Son but était de fortifier la dignité impériale; il s'efforça de l'atteindre d'une double manière, d'abord en relevant le prestige de la couronne, ensuite en abaissant le pouvoir des préfets du prétoire.

Tandis en conséquence qu'il environnait la personne de l'empereur de tout le faste des souverains orientaux, qu'il donnait à tout ce qui entourait le prince un caractère sacré, il enlevait d'autre part aux préfets du prétoire la puissance militaire pour la confier à de nouveaux fonctionnaires, les *magistri militium*.

Il créait une nouvelle organisation des provinces, les divisant suivant leur importance en grandes, moyennes, et petites, réunissant plusieurs d'entre elles en un même groupe, le *diocèse*, et mettant à la tête des *diocèses*, des *vicaires*, autorités intermédiaires placées entre le gouverneur et le préfet.

En augmentant ainsi le nombre des fonctionnaires, en les rendant indépendants les uns des autres, en divisant le pouvoir entre leurs mains, Dioclétien arrivait à ce résultat, d'annihiler les unes par les autres l'importance de ces diverses autorités.

Enfin, pour compléter l'affermissement de l'empire, il s'associa un collègue Maximien, auquel il abandonna le gouvernement et la défense des provinces de l'Occident. Quelques années plus tard, il créait, pour faire face aux dangers que soulevaient les révoltes et les agressions de jour en jour plus audacieuses des barbares, deux nouveaux Césars. L'empire se trouva ainsi divisé en quatre départements, chacun ayant son souverain, son préfet du prétoire, sa cour et son armée.

Constantin maintint et compléta, sauf quelques légères modifications, l'œuvre de son prédécesseur. Suivant la voie que lui avait tracée Dioclétien, il divisa l'empire en quatre préfectures, l'*Orient*, l'*Illyrie*, l'*Italie* et *les Gaules*. Le fait capital de son règne, au point de vue administratif, fut la translation de la capitale de l'empire à Constantinople, ce qui lui permettait de couvrir toutes les parties de l'empire, en touchant à la fois à la Scythie et au Danube.

La division de Dioclétien n'avait pas eu pour but de

former deux États distincts, cette séparation fut con-
sommée par Théodose entre ses deux fils Arcadius et
Honorius (395 ap. J.-C.).

Ainsi fut brisée l'unité de l'empire romain, dont une
partie, l'empire d'Occident, ne tarda pas à succomber
sous les coups des barbares, tandis que l'autre ne sou-
tenait son existence que pour faire oublier, semblait-
il, la gloire du nom romain.

Seul parmi la série des monarques qui se succédè-
rent sur le trône de Constantinople, Justinien aura
mérité de survivre à l'oubli, autant par les travaux
des jurisconsultes de son époque, que par les victoires
de ses généraux.

Après avoir ainsi décrit à grands traits l'histoire de
la province à l'époque de la domination romaine, nous
allons étudier le régime sous lequel elle était placée au
double point de vue des lois et de l'administration.
Nous envisagerons ainsi la situation légale faite aux
pérégrins dans leurs relations communes, ou leurs
rapports avec Rome; nous constaterons l'état du sol,
les droits dont il était susceptible, les rigueurs de la
vieille législation, les modifications introduites peu à
peu par l'édit du préteur. Enfin nous terminerons par
un exposé rapide des services administratifs, justice,
finances, travaux publics, armée, cette étude du régime provincial.

# DROIT ROMAIN

## DU RÉGIME PROVINCIAL

---

### CHAPITRE PREMIER

**De la condition légale des habitants des provinces, à l'époque de la domination romaine.**

La condition légale des habitants de la province, c'est-à-dire l'ensemble des droits dont la loi leur permettait d'user dans l'intérêt de leur personne et de leurs biens, peut être envisagée à un double point de vue :

1° Dans leurs rapports avec les citoyens romains ;
2° Dans leurs rapports entre eux.

### SECTION PREMIÈRE.

RAPPORTS DES PROVINCIAUX AVEC ROME.

Nous avons indiqué plus haut l'étymologie du mot *provincia*. Les habitants originaires de la province portaient dans le principe le nom de *provinciaux* ; on lui substitua plus tard celui de *pérégrins*, terme générique, sous lequel furent compris tous les étrangers, ceux-là même qui parvinrent à conserver leur indé-

ndance et auxquels la vieille Rome donnait la dénomination d'*hostis*.

A l'origine le pérégrin n'avait à Rome aucun droit;
peu à peu cependant les relations s'étendant entre
les vainqueurs et les vaincus, les points de contact
étant rendus plus fréquents, cet état de choses devint
inapplicable dans la pratique; on dut songer à le modifier.

Sans doute les étrangers restèrent toujours exclus
des *droit politiques*; ils n'eurent ni le *jus suffragii*, ni
le *jus honorum*, car le sort, les intérêts de la république ne pouvaient être remis aux mains de ceux qu'elle
avait vaincus. Mais, pour les *droit privés*, il n'en fut
pas de même; ceux qui étaient une création de la
loi romaine, du moins quant à leur forme et leur application, demeurèrent propres à la qualité de citoyen romain; les pérégrins ne purent y prétendre,
on leur accorda par contre l'exercice de tous les
droits considérés par les jurisconsultes comme faisant
partie du *jus gentium*, comme consacrés par la coutume universelle.

Si maintenant nous descendons dans les détails,
nous voyons tout d'abord que les pérégrins n'avaient
ni le *connubium*, ni le *commercium*.

Le *connubium*, c'est-à-dire le droit de contracter
légitimement mariage, avec toutes ses conséquences
légales, la puissance parternelle entre autres, atta-
chées par le droit romain aux *justæ nuptiæ*. Ainsi que
le remarque Gaïus, la puissance paternelle, telle qu'on
l'entendait à Rome, était du droit civil et non du

droit des gens, *proprium civium romanorum est* (1).

Au reste il est bien certain que l'union formée entre un citoyen romain et une pérégrine, tout en restant privée des effets civils, n'était pas par cela même assimilée au concubinat. C'est en ce sens qu'Ulpien distingue l'*uxor injusta* de la *concubina* (2). Un texte de Papinien en fournit une autre preuve. « Civis romanus, qui sine connubio, peregrinam in » matrimonio habuit, jure quidem mariti eam adul- » teram non postulat, sed ei non opponetur infamia, » vel quod libertinus rem sestertiorum triginta mil- » liam aut filium non habeat, propriam injuriam » persequenti (3). »

Le *civis romanus* qui a épousé une pérégrine, ne peut, si sa femme est adultère, exclure un accusateur étranger, c'est là un droit qui suppose l'existence du *connubium*, et appartient à l'époux seul, au profit duquel se produisent les effets civils du mariage; mais il n'est pas pour cela traité lui-même comme un étranger. S'il se décide à intenter l'action, certaines fins de non-recevoir qui seraient opposables à ce dernier, ne peuvent être invoquées contre lui. Ainsi, à un accusateur étranger, on peut objecter qu'il est noté d'infamie ou qu'étant affranchi, il n'a pas une fortune de 30,000 sesterces, ou qu'il n'a pas de fils; contre le mari, ce sont des moyens dont il est interdit de faire usage.

Par exception à ce que nous venons de dire, il pou-

(1) Gaïus, I, 55.
(2) Ulpien, L. 13, pr. et § 1, *Ad leg. Juliam, De adult.*
(3) Collat. leg. mosaic., tit. IV, c. V.

vait arriver cependant que des pérégrins placés dans certaines circonstances, fussent appelés à jouir du *connubium*, à acquérir la puissance paternelle sur leurs enfants et tous les droits qui en étaient la conséquence.

Ce fait était la conséquence d'une procédure particulière : l'*erroris causæ probatio*. Un mariage se trouvant nul, parce qu'à l'insu des parties ou de l'une d'elles, il n'y avait pas entre elles *connubium*, une citoyenne romaine, par exemple, ayant épousé un pérégrin qu'elle croyait citoyen romain, dès lors qu'un enfant était né de cette union, un sénatus-consulte, dont la date est restée inconnue, autorisait l'homme ou la femme à justifier de la cause de cette erreur, et cette justification faite, le pérégrin acquérait avec le droit de cité tous les avantages attachés au *connubium*. Pour les différentes hypothèses dans lesquelles ce sénatus-consulte pouvait trouver son application, nous renvoyons au texte de Gaïus (1).

Nous nous bornons à cette remarque, qu'à la différence de la *causæ probatio*, l'*erroris causæ probatio* pouvait faire arriver à la cité romaine même des pérégrins, tandis que la première de ces deux procédures ne s'appliquait qu'aux affranchis latins.

En résumé, à part les circonstances spéciales que nous venons d'indiquer, le *connubium*, institution du droit quiritaire, était propre à la qualité de citoyen romain.

C'était encore à eux seuls qu'appartenait le *com-*

_______

(1) Gaïus, Comm., I, §§ 67, 68, 69, 71, 72.

mercium, c'est-à-dire le droit de figurer comme acheteur ou vendeur dans cette vente solennelle, qu'on appelait la *mancipatio* (1).

La *mancipatio* et les autres modes (notamment la *cessio in jure*) d'acquisition de la propriété *ex jure quiritium*, ne pouvaient avoir lieu qu'entre citoyens romains, leur formule seule, suffisant, pour certains d'entre eux, à exclure les pérégrins.

Nous avons eu principalement en vue jusqu'à présent les modes d'acquérir, *entre-vifs*, du droit civil; les droits de l'étranger n'étaient pas plus étendus en matière d'institution *d'héritier* ou de *legs*.

Gaïus nous présente en effet comme une faveur de la loi la faculté donnée aux militaires de comprendre les pérégrins dans leur testament (2), et ailleurs il ajoute, que ce fut précisément pour corriger les rigueurs du droit en matière de legs, que les fidéicommis s'introduisirent dans l'usage (3).

Ainsi que le remarque Ulpien, dans ses *Fragments* les pérégrins n'avaient pas la *factio testamenti*; ils ne pouvaient donc à aucun titre intervenir dans les actes de ce genre, incapables tout aussi bien de recueillir que de transmettre (4), de figurer comme parties principales que comme témoins. Tout ceci s'explique si on considère que, chez les Romains, le testament était une

(1) Ulp. Reg. tit. XIX, § 5. « *Commercium est emendi vendendique invicem jus.* »

(2) Gaïus, Comm., II.

(3) Gaïus, Comm., II, 285.

(4) Toutefois le pérégrin, qui ne pouvait instituer un légataire, avait au contraire le droit de faire une donation à cause de mort.

institution éminemment de droit civil dont les formes
exigeaient à l'origine la réunion du peuple assemblé
dans ses comices, et plus tard les solennités de la man-
cipation (1).

A côté de ces créations du vieux droit quiritaire,
les Romains reconnaissaient certains modes d'acquisition faisant partie de ce qu'ils appelaient *le droit des
gens*, appartenant à tous les peuples; parmi eux, le
principal était *la tradition*.

« Rien ne paraît plus juste, ainsi que le remarque
» Justinien dans ses Institutes, que de sanctionner la
» volonté du propriétaire voulant livrer à un tiers la
» propriété de sa chose. »

Il ne s'agissait plus ici de formules particulières ou
de paroles consacrées, ce moyen d'acquérir était ac-
cessible à tous, même aux pérégrins, et ils devenaient
par là aussi complétement propriétaires que le citoyen
romain pouvait l'être par la *mancipatio*.

La tradition faite en vertu d'une juste cause transférait donc en principe la propriété ; toutefois si elle
se passait entre citoyens romains, il fallait user de
distinction, suivant que l'objet vendu rentrait ou non
dans la classe des *res mancipi*. Dans le 1ᵉʳ cas, en effet,
l'acquéreur, citoyen romain, avait simplement la chose
*in bonis* et de plus la faculté d'en devenir propriétaire
au bout d'un certain temps.

Rien de pareil n'avait lieu lorsque la vente était
faite à un pérégrin. D'après la remarque même de
Gaïus, il n'y avait pas pour eux deux espèces de pro-

(1) Gaïus, Comm., II, 101, 104.

prié, on était propriétaire ou on ne l'était pas,
c'était tout ou rien. Peu importait que la chose fût
ou non res *mancipi*. Si la tradition était faite par le
propriétaire *ex justa causa*, le pérégrin acquérait sur
l'objet vendu tous les droits dont il était susceptible (1).

La théorie que nous venons d'énoncer sur les différents effets de la tradition appliquée à une *res mancipi*, se trouve confirmée par des textes nombreux et
avait de fréquentes applications.

C'est ainsi qu'Ulpien, parlant d'un esclave affranchi
par celui qui l'a simplement *in bonis*, a bien soin de
remarquer que l'esclave avait été livré *civi romano, ci-
ve romano* (2).

Autre exemple, Paul, au § 47 des Fragm. Vatic.,
examine les différents modes de constitution d'un
usufruit. Après avoir parlé de la *mancipatio*, de l'*in
jure cessio*, du legs, etc., il arrive à la tradition.
Faisant alors la distinction dont nous avons parlé plus
haut, entre les *res mancipi* et les *res nec mancipi*, il
suppose d'abord que l'objet est une *res nec mancipi*,
l'usufruit, dit-il, *per traditionem deduci non potest*,
parce que la tradition est un mode du droit des gens
et que l'usufruit ne peut être constitué que par un
mode du droit civil. Puis il suppose encore que
l'objet de la tradition est une *res mancipi*, un esclave.
Et il donne la même solution que précédemment,
mais il ajoute, *si peregrino tradatur*. Pourquoi? parce

(1) Gaïus, II, 40, 41, 42.
(2) Ulpien, Fragm., I, 46.

que c'est dans cette hypothèse seule que la question pouvait présenter de l'intérêt. La tradition d'un esclave *res mancipi*, faite à un *pérégrin*, lui transférant en effet sur cet esclave *tous* les droits du vendeur, on conçoit dès lors qu'il fut avantageux pour ce dernier de retenir l'usufruit. Si, au contraire, Paul n'eût pas ajouté les derniers mots de son texte, son exemple eût été mal choisi, car il n'eût pu s'agir et il eût été sans intérêt de s'occuper de constitution d'usufruit au profit du vendeur, alors qu'il conservait dans son entier sur l'esclave le *dominium ex jure quiritium* (1). C'est bien là, comme nous le disions tout à l'heure la confirmation de notre théorie (2).

Si des modes d'acquisition de la propriété nous passons aux *contrats*, nous trouvons la même distinction que précédemment. Ceux d'entre eux qui ont leur source dans le droit civil, sont par là même inapplicables aux pérégrins; ils s'obligent valablement au contraire, par les contrats de droit naturel.

Toute la question est donc dans la définition des uns et des autres.

Pour certains comme le *mutuum*, le *commodat*, le *dépôt*, le *gage*, les contrats formés *consensu*, point de doute, ils appartiennent au *jus gentium* et par là même sont accessibles aux pérégrins.

Il n'en est pas de même de la *stipulation* et du contrat *litteris* à l'égard desquels on admettait certaines distinctions.

Voyons d'abord la *stipulation*.

<hr>

(1) Fragm. Vatic. De usufructu, § 4.
(2) Voyez également L. 12, § 8, D. De captivis.

La *stipulation* ou *obligatio verbis* résultait d'une
interrogation et d'une réponse conforme. Avant
qu'une constitution de l'empereur Léon eût, ainsi que
le remarquent les Instituts, aboli les paroles consacrées par l'usage, exigeant seulement des parties *sen-
sum et consonantem intellectum*, toutes les formules
ne pouvaient être indifféremment employées. Nous
lisons dans Gaïus (1) que les mots *spondes spondeo*
étaient propres aux citoyens romains, qu'ils ne pouvaient même pas être traduits de la langue latine
dans la langue grecque, enfin que dans la bouche
d'un étranger s'obligeant vis-à-vis d'un citoyen
romain, ils ne constituaient point la *verborum obligatio*, le contrat verbal appelé *stipulatio*.

Et Gaïus en fait lui-même plus loin l'application.
Traitant des cautions qui sous le nom de *sponsores*,
*fidepromissores* ou *fidejussores*, pouvaient s'adjoindre à
une obligation *verbis*, il établit entre elles la distinction
suivante : « Les premiers, dit-il (les *sponsores* et *fidepro-*
» *missores*), supposent nécessairement l'existence d'une
» obligation *verbis*; peu importe du reste que celui qui
» a fait la promesse ait pu ou non valablement s'o-
» bliger, qu'une femme par exemple ou un pupille se
» soient engagés sans l'autorisation de leur tuteur ;
» mais on s'est demandé, si un *sponsor* ou *fidepromissor*
» peut s'obliger valablement comme caution d'un
» esclave ou d'un étranger, *qui spopondit*.
» » Quant aux *fidejussores*, ajoute Gaïus, ils peuvent
» s'adjoindre à toute espèce d'obligations, qu'elles ré-

(1) Gaïus, Comm. III, 92, 93.

» sultent d'un *mutuum*, d'une stipulation, d'un écrit,
» ou du consentement. » (1)

Ainsi, un étranger a voulu contracter une obligation *verbis*, il a employé la formule consacrée, *spondeo*.

D'après certains jurisconsultes, un *sponsor* ou un *fidepromissor* qui se serait porté sa caution, ne serait point obligé; pourquoi? Ce n'est pas qu'il ne puisse résulter de cette convention une obligation au moins naturelle; la question n'est pas là : ce qui fait défaut, c'est une obligation verbale, le terme *spondeo* employé par d'autres qu'un citoyen romain viciant la nature même du contrat. Remarquons toutefois que bien que Gaïus semble mettre sur la même ligne l'esclave et le pérégrin, il n'en résulte pas que leur condition dans le contrat *verbis* fût la même.

L'un, l'esclave, était absolument incapable de s'obliger pour son propre compte; le pérégrin le pouvait au contraire, pourvu qu'il n'employât pas les termes réservés aux citoyens romains (2).

Pour terminer ce que nous avions à dire des obligations contractées par les étrangers, nous ajouterons deux mots au sujet du contrat *litteris*.

Gaïus en distingue trois formes ou plutôt deux, car pour ce qui est des *arcaria nomina*, ils constituaient plutôt la preuve d'une obligation, qu'ils ne créaient l'obligation elle-même. Mais il y avait ce qu'on appelait les *nomina transcriptitia*, et les *chirographa* et *syngraphœ*.

(1) Gaïus, Comm., III, 119.
(2) Add. Gaïus, III, 179.

Le *nomem transcriptitium* constituait une sorte de novation par écrit. On s'engageait à payer, comme l'ayant reçu, ce qu'on devait pour une toute autre cause, une vente par ex., ou encore ce que devait un tiers. Le contrat avait lieu, disait-on dans le premier cas, *a re in personam*, et dans le second, *a persona in personam*.

Les *chirographa* ou *syngraphæ* n'étaient autre chose que la promesse faite par écrit, et sans qu'il fût intervenu de stipulation, de payer telle ou telle somme, due ou non.

Cette seconde forme du contrat *litteris* pouvait être employée par les pérégrins; quant à la première, une distinction était à faire, d'après certains jurisconsultes, suivant que le *nomen transcriptitium* avait lieu *a re in personam* ou *a persona in personam*. Dans le premier cas, un pérégrin pouvait s'obliger; il ne le pouvait pas dans le second. Rien ne nous donne les motifs de cette distinction.


## SECTION II.

### RAPPORTS DES ÉTRANGERS ENTRE EUX.

Nous avons envisagé jusqu'à présent les droits des étrangers dans leurs rapports avec les citoyens romains, il nous reste à voir comment ils réglaient leurs propres transactions et quels principes ils appliquaient entre eux pour la protection de leurs intérêts.

En général, le vainqueur laissait au vaincu ses

usages et ses lois. Des textes nombreux confirment cette idée et nous montrent les peuples soumis par Rome à sa domination, exerçant dans leurs rapports communs les droits consacrés par la législation du pays. C'est ainsi que Gaïus au chapitre du mariage, suppose une union existante entre deux pérégrins, *secundum leges moresque peregrinorum* (1).

Dans son commentaire III, il établit les différences qui existent entre les *sponsores* et *fidepromissores* d'une part, les *fidejussores* de l'autre et nous dit que l'héritier des premiers n'est point tenu des obligations de son auteur, *nisi si de peregrino fidepromissore quœramus et alio jure civitas ejus utatur* (2).

Nous pourrions encore citer Ulpien qui nous montre au tit. XXI de ses *Fragm.*, les étrangers testant d'après les lois de leur cité. (3)

Ces exemples et bien d'autres nous prouvent donc que les pérégrins, même après la conquête, se conduisaient dans leurs rapports mutuels d'après les lois de leur pays.

Cette législation locale était généralement complétée et organisée par la loi ou le décret qui réduisait le pays conquis en province romaine. Enfin, à ce double élément constitutif du droit privé des pérégrins, venait s'ajouter chaque année l'édit rendu à son entrée en fonctions par le gouverneur de la province, pour expliquer les principes dont il entendait faire l'application aux actes de son administration. « Le droit privé et la pro-

(1) Gaïus, I, 92.
(2) Gaïus, III, 120.
(3) Fragm. Ulp., XXI, 14.

» cédure, dit à ce sujet M. Demangeat, jouaient un
» grand rôle dans ces édits provinciaux; quelquefois
» du reste l'édit provincial reproduisait purement et
» simplement les édits des deux préteurs de Rome. » (1)

## SECTION III.

### DES DIFFÉRENTES MODIFICATIONS APPORTÉES A LA CONDITION LÉGALE DES ÉTRANGERS, PAR SUITE DE DE LA CONCESSION PLUS OU MOINS ÉTENDUE DES DROITS CIVILS.

Telle était en principe la situation légale des pérégrins. Conservant entre eux les droits et les usages de
leurs ancêtres, ils étaient au contraire exclus, dans
leurs rapports avec les citoyens romains, de la plupart des droits qui étaient restés le privilége du vainqueur.

Cependant les exceptions à ce dernier point de vue
étaient assez fréquentes, et un grand nombre de provinciaux jouissaient dans l'exercice des droits civils, d'une
situation toute particulière. Je veux parler des *colonies*,
*municipes*, *préfectures*, des *cités* gratifiées du *jus Latii*,
enfin des particuliers auxquels on accordait le *jus
civitatis*.

Rome, en étendant ses conquêtes, sentit le besoin de
fortifier son autorité au milieu de peuples encore à
demi domptés, elle créa à cet effet les *colonies*. Ces
établissements, composés en majeure partie de vétérans
et de gens appartenant à la dernière classe du peuple,

(1) Demangeat Cours élém. de D. R., tome 1er, p. 72.

faisaient partie du *nomem latinum* et formaient autant de petits États indépendants, se gouvernant eux-
mêmes, ayant leur Sénat et leurs magistrats. Les
*Latini coloniarii* jouissaient en général des mêmes
droits que les *Latini veteres*. Comme eux, ils avaient
le *commercium* (*nexa atque hereditates*); nous en
trouvons la preuve au § 4 des Fragm. d'Ulpien (1).

Mais à la différence des anciens Latins, ils n'avaient
pas le *connubium*. Aussi était-ce par une faveur des
constitutions impériales que les vétérans obtenaient le
*connubium* avec des Latins habitants des colonies (2),
et Ulpien peut avec juste raison les assimiler sur ce
point aux pérégrins (3).

Nous avons parlé des *municipes*; ce nom pouvait se
prendre dans des acceptions fort diverses.

Tantôt en effet on désignait ainsi certains étrangers
qui avaient simplement obtenu la faculté (nommée par
quelques auteurs *isopolitie*) d'exercer, quand ils allaient à Rome, les mêmes droits que les citoyens romains;

Tantôt c'était une ville, gratifiée tout entière (*civitas universa*) du droit de cité cum *suffragio* ou *sine
suffragio* qu'on nommait de la sorte.

Dans ce dernier sens, *les municipes* choisissaient
leurs magistrats et s'administraient eux-mêmes;
comme les pérégrins ils conservaient leurs lois et
leurs usages locaux et différaient au contraire par

(1) Frag. Ulp., XIX, § 4.
(2) Gaius, I, § 57.
(3) Ulp. Fragm., V, 4.

là même des *Latini coloniarii* soumis, ainsi que le remarque Aulu-Gelle, au droit et aux institutions du peuple romain (1).

Parfois il arrivait que Rome ayant à se plaindre d'un municipe, d'une ville, lui enlevait ses magistrats et envoyait pour la gouverner un *préfet* ; c'étaient les *préfectures*.

Certaines villes enfin avaient obtenu le *jus Latii*.

Le *jus Latii*, c'est-à-dire cet ensemble de droits que nous avons vu plus haut concédés aux *Latini coloniarii*, était souvent accordé à une ville quelconque indépendamment de toute idée de *colonie*. Ces concessions s'étendirent graduellement et nous trouvons même que Vespasien accorda en bloc le *jus Latii* à l'Espagne.

Les choses ne se passèrent pas autrement pour le *jus civitatis*. Concédé à l'origine aux particuliers et partiellement, il le fut ensuite avec d'autant plus d'étendue que les empereurs y trouvaient une source de revenus.

Marc-Aurèle le donnait, dit-on, à qui pouvait le payer. Finalement, une constitution d'Antonin Caracalla l'étendit à tous les sujets de l'empire (212 après J.-C.). Je cite textuellement sur ce point M. Demangeat : « Dion Cassius raconte (LXXVII, 9) qu'Antonin
» Caracalla, après avoir porté de 1/20 à 1/10 l'impôt
» sur les successions et sur les affranchissements,
» imagina un moyen de rendre cet impôt plus pro-
» ductif ; comme il ne pesait que sur les citoyens ro-

_______________

(1) Aulu-Gelle. Nuits attiques (XVI-13).

» mains, il suffisait de faire des citoyens romains de
» tous les habitants de l'empire. »

Après avoir cité un texte d'Ulpien, ainsi conçu : « In
orbe Romano qui sunt, ex constitutione imperatoris
Antonini cives Romani effecti sunt » (1), M. Demangeat
ajoute : « Justinien (Nov. 78, ch. 5) attribue à An-
» tonin le Pieux la constitution dont il s'agit. C'est
» une mauvaise interprétation du texte d'Ulpien. Ce
» texte même prouve qu'il ne peut être question que
» d'Antonin Caracalla ; car en général les juriscon-
» sultes romains n'appellent *imperator* que le prince
» sous le règne duquel ils écrivent. S'agit-il d'un
» empereur déjà mort, ils le qualifient toujours de
» *Divus* (2). »

On a beaucoup discuté sur la portée de cette constitution ; on s'est demandé surtout si dans la pensée de
l'empereur Antonin Caracalla, elle s'étendait même aux
populations qui devaient plus tard se trouver englo-
bées par suite de conquêtes nouvelles, dans les limites
de l'empire. M. Demangeat ne le pense pas, s'appuyant
principalement sur cette idée qu'il eût été bizarre, de la
part de l'empereur, de prétendre enchaîner la volonté
de ses successeurs. Faut-il croire qu'un pareil souci
ait pu arrêter un homme tel que l'auteur du décret,
alors surtout que sa seule préoccupation était d'augmenter les revenus du fisc ?

(1) Loi 17, § 5, D. *De statu hominum.*
(2) Cours élém. de Droit Romain, tome I, note 3, p. 165.

## SECTION IV

### COMMENT S'ACQUÉRAIT LA QUALITÉ DE CITOYEN

Nous avons vu quelle différence énorme existait au point de vue des droits politiques ou privés entre les citoyens romains et les pérégrins. Il est donc important de définir les uns et les autres.

On peut appliquer aux citoyens romains le mot des Instituts sur les esclaves : *Servi autem aut nascuntur aut fiunt.*

On naît citoyen romain : 1° quand il y a *connubium* entre le père et la mère, l'un et l'autre citoyens romains. L'enfant issu du mariage suit en ce cas la condition du père. Il en est de même au reste lorsqu'un citoyen romain épouse, soit une pérégrine, soit une Latine, à qui on a accordé le *connubium* (1).

2° En principe, bien qu'il n'y ait pas *connubium* entre le père et la mère, si toutefois cette dernière est citoyenne romaine. En pareil cas en effet l'enfant suit la condition de la mère et devient citoyen romain (2). Une exception se trouvait écrite dans la loi *Mensia* ; il en résultait pour l'enfant né d'un pérégrin et d'une citoyenne romaine, le titre de pérégrin. Cette exception, comme on le voit, détruisait complétement, au point de vue qui nous occupe, l'utilité de la règle précédemment posée.

(1) Gaïus, I, 56.
(2) Ulp. Fragm., V, 8 et 9.

La loi *Mensia* s'appliquait-elle lorsque le père était non point un *peregrinus* ordinaire, mais un *Latin*. M. Demangeat soutient qu'il y avait lieu de distinguer entre les *Latini veteres* et les *Latini coloniarii*, que la disposition s'appliquait aux premiers non aux seconds. Cette opinion s'appuie sur un texte de Gaïus qui ne nous est parvenu qu'incomplet (1).

Étant donné en principe que l'enfant né hors mariage suit la condition de la mère, les jurisconsultes décidaient qu'on devait se placer, pour apprécier cette condition, au moment de la naissance (2). Et cette opinion paraît avoir été admise sans difficulté (3).

Nous avons vu comment on naissait citoyen romain, nous avons dit aussi qu'on pouvait le devenir.

Ainsi en était-il des pérégrins qui obtenaient le *jus civitatis*.

Ainsi en était-il encore par l'effet de *l'erroris causæ probatio*.

Nous ne parlerons pas de la *causæ probatio* qui ne s'appliquait qu'aux Latins.

_______________

(1) Gaïus, I, 79.
(2) Fragm, Ulp., V, 10.
(3) Gaïus, I, 89-90-92.

# CHAPITRE II

### De la condition des fonds provinciaux.

Nous passons maintenant à l'examen de la condition faite par le droit romain au sol provincial.

D'après les principes du droit des gens en usage au temps des Romains, la guerre n'était pas seulement affaire de peuple à peuple, mais d'individu à individu; les biens, la personne même du vaincu appartenaient au vainqueur (1). Les provinces ayant donc été, en conséquence, partagées, comme nous l'avons vu, entre le peuple et César, il était tout naturel que leur sol ne fût pas dans le commerce, que leurs habitants n'en fussent pas propriétaires.

Cependant Théophile, dans sa paraphrase des Institutes (§ 40, tit. I, *De divis. rerum*), après avoir constaté que par leur nature même les fonds provinciaux ne sont pas susceptibles de propriété privée, nous dit que les particuliers en ont la *possession et la jouissance très-pleine*. Et nous voyons du reste que ces possesseurs payaient à raison des fonds qu'ils détenaient le *stipendium* ou le *tributum*, suivant qu'ils étaient terre du peuple romain ou terre de César (2).

Comment se transmettait cette possession?

Ce ne pouvait être ni par la *mancipatio*, ni par l'*in*

(1) Inst. Justin., II, I, 17 pr.
(2) Gaïus, II, 21.

*jure cessio*, modes du droit quiritaire supposant un transport de propriété; il fallait recourir à la *tradition*, parce que la *tradition* avait pour effet immédiat de transférer la possession, pour effet médiat la propriété quand la chose était possible. Il y avait donc une différence entre les *res nec mancipi* proprement dites et les fonds provinciaux que Gaïus à un certain point de vue place sur la même ligne (1) ; appliquée aux premières la tradition pouvait transférer la propriété, appliquée aux secondes elle ne donnait jamais que la possession.

Cette possession était protégée d'abord par les *interdits conservatoires ou récupératoires*, imaginés par les préteurs et gouverneurs de province pour suppléer les lacunes du droit civil en cette matière, et servant une fois qu'ils avaient été délivrés, de règles aux parties.

Elle l'était même par une sorte d'action réelle. Nous voyons en effet par différents textes que lorsque quelqu'un ayant reçu *a non domino* et de bonne foi un fonds provincial, l'avait possédé pendant dix ou vingt ans, il pouvait opposer à celui qui se prétendait propriétaire un moyen de défense appelé *longi temporis præscriptio*, et que lui-même s'il venait plus tard à en perdre la possession, avait pour la recouvrer une *action réelle* (2). Que résulte-t-il de là, sinon que tant que le temps fixé pour la possession ne s'était pas écoulé, le possesseur était exposé à la revendication du propriétaire, qu'il y avait donc *un propriétaire*, et que lui-même plus tard pouvait l'être ?

(1) Gaïus, II, 21.
(2) L. 8.C. *De præscript. trigint. annor.*

Donc les particuliers avaient sur le sol provincial, une sorte de propriété, donc ils avaient une action réelle pour la protéger. Qu'était cette action? on l'ignore. Probablement la revendication usitée dans le pays.

On peut assimiler, en effet, le droit de Rome sur le sol des provinces au droit de suzeraineté exercé au moyen âge en France, par le roi sur les différentes parties du royaume. Domaine éminent par opposition au domaine utile laissé aux mains des tenanciers, justifiant les réquisitions de corvées ou d'impôts, mais constituant en réalité au profit des particuliers une propriété véritable, garantie par les modes de protection en usage dans la localité.

Quoi qu'il en soit de cet état de fait, le principe contraire à la possibilité d'existence d'un droit de propriété sur le sol provincial n'en existait pas moins.

C'est peut-être par une application de ce principe qu'on peut expliquer un texte de Callistrate inséré au livre XLIX du Digeste, *De jure fisci* (1), d'après lequel le trésor trouvé *in religiosis locis* appartiendrait pour moitié au fisc. Le principe posé dans les Institutes (2), étant, en effet, que le trésor en pareil cas devient en totalité la propriété de l'inventeur, par ce motif que le *locus religiosus* n'appartient à personne ; pour concilier le texte du Digeste et la règle des Institutes on doit supposer que Callistrate a entendu parler du sol provincial, qui n'étant pas susceptible de pro-

(1) Callistrate, l. 3, § 10, D. *De juri fisci.*
(2) Institutes, § 39, *De divis. rer.*

— 30 —

priété privée ne pouvait par là même être légalement
rendu religieux (1).

C'était encore par une conséquence du principe
énoncé plus haut que la loi *Julia de fundo dotali*, n'é-
tait pas applicable aux fonds provinciaux. Bien que
Gaïus présente en effet la question comme ayant partagé les esprits (2), il résulte cependant tant des Institutes (3), que de la loi unique au Code, *De rei uxoriæ*,
qu'on l'avait plus tard résolue dans le sens que nous
venons d'indiquer. Les deux textes sont formels ;
non-seulement ils supposent que la *loi Julia* parlait
d'un fonds dotal *italique*, mais l'un et autre rappellent
qu'elle ne s'appliquait point au sol provincial, et que
sa généralisation est une des modifications apportées
à l'ancien état de choses par Justinien.

Quelle aurait pu être la raison de cette règle, sinon
que la *loi Julia* défendait, *alienationem fundi*, et que
les fonds provinciaux n'étant pas en droit susceptibles d'aliénation véritable, il n'avait pas paru possible
aux jurisconsultes de leur faire l'application de la loi ?

Si le doute avait existé chez certains d'entre eux,
ainsi que l'atteste Gaïus, c'est que pour ceux-là probablement, qui tenaient compte de l'état de fait dans lequel se trouvait placé le sol des provinces, le mari,
possesseur, en vertu du mariage, d'un immeuble provincial, en transmettant à un tiers l'espèce de possession et de jouissance dont il était investi sur ce fonds,

(1) Comp. Gaïus, II, § 7.
(2) *Quod quidem jus utrum ad Italica tantum prædia, an etiam
ad provincialia pertineat, dubitatur...* (Gaïus, II, 63.)
(3) Institutes. *Quibus alienare licet vel non.*

rendait en fait la position de la femme aussi défavo-
rable, que si propriétaire d'un fonds dotal italique il
l'eût véritablement aliéné.

Ne pouvait-on pas en outre, à l'appui de cette opinion, prétendre que c'était aboutir à une contradiction
inévitable, que de refuser d'appliquer la *loi Julia* aux
fonds provinciaux, alors qu'on en faisait l'application
aux fonds dotaux italiques sur lesquels le mari n'avait
cependant que l'*in bonis*?

Non, et pour deux raisons :

Lors en effet que cette sorte de possession résultait
pour le mari de ce qu'un fonds dotal italique lui avait
simplement été livré par tradition, nous savons qu'en
le transmettant lui-même à un pérégrin, il l'en rendait plein et entier propriétaire. C'était donc bien l'a-
liéner, et ce premier cas suffirait à la rigueur pour
motiver la distinction que nous venons d'établir.
Mais il y avait une seconde raison et celle-là plus générale. Dans toutes les hypothèses où le mari a la
chose *in bonis*, il est, nous le savons, *in causâ usuca-
piendi*. Il a en d'autres termes une possession qui au
bout d'un certain temps est susceptible de se convertir
en un véritable *dominium*. Transmettant cette chose à
un tiers, il lui en transfère non-seulement la possession, mais encore tous les droits qu'il a sur elle, et par
conséquent le droit de l'usucaper et d'en devenir, par
là même propriétaire. On peut donc dire que le mari,
possesseur d'un immeuble dotal italique qu'il a *in
bonis*, l'aliène véritablement en le transférant à un
tiers, puisqu'il le met à même d'en devenir propriétaire, et on comprend par conséquent que la *loi Julia*

air lieu de s'appliquer dans cette circonstance. Il en résultera en effet que la chose ne pouvant être usucapée par le tiers-acquéreur, celui-ci la détiendra en réalité pour le compte du mari, que l'usucapion s'accomplira dans ses mains au profit de ce dernier, et qu'en conséquence, à la dissolution du mariage, le mari remettra à sa femme soit l'action en revendication, si le temps fixé pour que l'usucapion ait pu s'accomplir est écoulé, soit en cas contraire la Publicienne (1).

Nous fermons ici cette parenthèse, et après avoir examiné la condition des fonds provinciaux au point de vue du droit de propriété, nous allons l'étudier dans ses démembrements.

Les pérégrins n'étant point propriétaires du sol des provinces, il semblerait tout naturel d'en conclure qu'ils ne pouvaient pas davantage constituer sur ce sol des droits tels que les servitudes réelles, ou l'usufruit, qui ne sont que des parties détachées du droit de propriété.

Cependant nous trouvons ici un texte de Gaïus, d'où paraît résulter le contraire : « Si quelqu'un, nous dit » ce jurisconsulte, *veut constituer* sur un fonds provin- » cial un droit d'usufruit, une servitude de passage, » d'aqueduc ou autres droits de même nature, il » pourra le faire au moyen de *pactes* et de *stipulations*; » car les fonds provinciaux n'admettent ni la *manci-* » *patio* ni l'*in jure cessio*. » (1)

(1) Remarquons, à ce sujet, que le mari étant en D. R. *dominus dotis*, et l'usucapion s'accomplissant à son profit, la femme, bien que de mauvaise foi, pouvait exiger, à la dissolution du mariage, la restitution d'un immeuble qu'elle n'eût pu elle-même usucaper.

(2) Gaïus. Comm. II, 31.

Était-il donc possible d'arriver par un mode autre que ceux du droit civil à constituer sur les fonds provinciaux un droit réel d'usufruit garanti par l'action confessoire? Bien que cette opinion ait trouvé des approbateurs, il nous paraît difficile de l'admettre. Comment concevoir en effet que les pérégrins, qui n'avaient point la propriété du sol des provinces, puissent acquérir sur ces mêmes fonds un droit d'usufruit, c'est-à-dire un démembrement de la propriété?

Comment expliquer de plus que ce droit réel d'usufruit eût pu être constitué par un pacte ou une stipulation, alors que le simple pacte était chez les Romains dépourvu d'effets civils, et que la stipulation ne donnait jamais naissance qu'à une obligation?

Théophile, dans un fragment bien connu tiré de sa paraphrase des Institutes, au § 4 du titre *de Servitutibus*, nous donne l'explication de ce passage : « Celui
» qui veut, dit-il, concéder à son voisin une
» servitude, peut le faire par des pactes et des stipula-
» tions. Car après avoir conclu un pacte sur la ser-
» vitude à concéder, celui à qui elle doit être accordée
» demande à l'autre : Promettez-vous de me laisser
» jouir de la servitude convenue, et si vous ne le faites
» pas, promettez-vous de me donner cent écus à titre
» de peine ? »

Ainsi donc tout se résumait en une action personnelle du stipulant contre celui qui s'était engagé à le laisser jouir de son fonds. Si ce fonds, que nous appellerons improprement le fonds servant, était cédé à un tiers, le stipulant n'avait aucune action pour contraindre ce tiers à le laisser jouir, il ne pouvait agir que contre le promettant.

Si c'était au contraire le stipulant qui cédait son fonds, il s'opérait au profit de l'acquéreur une cession de créance expresse ou tacite, dont il pouvait faire usage contre le promettant, en cas d'obstacle mis par ce dernier à l'exercice de la servitude.

Ce qui prouve bien que tel est le sens du passage de Gaius, c'est que nous trouvons, au Digeste, une opération du même genre, s'effectuant dans un cas où il ne pouvait être évidemment question de constitution de droit réel, les principes mêmes du droit civil s'y opposant (1).

Cependant, objecte-t-on, comment concilier cette idée avec les termes dont se sert Gaius?

*Usumfructum constituere* paraît bien vouloir dire qu'il y a là une création de droit réel, et non pas seulement une simple obligation.

On répond à cette objection par un autre texte du même jurisconsulte Loi 3. pr. D. *De usufructu et quemadm. quis utatur*, où supposant un legs d'usufruit *per damnationem*, il emploie les mêmes termes. Or

---

(1) L. 33, § 1. D. *De servit. præd. rustic.* Africain suppose dans ce texte l'existence d'une servitude d'aqueduc, *per plurium prædia* : « Vous ne pouvez, dit-il, concéder un droit de puisage sur cet aqueduc, au profit de qui que ce soit, *nisi pactum vel stipulatio etiam de hoc subsecuta est.* L'établissement d'une servitude en pareil cas aurait été, en effet, contraire à ce double principe, qu'on ne peut établir de servitude sur son propre fonds, ni une servitude sur une autre. On arrivait cependant à peu près au même résultat en ayant recours, comme dans notre espèce, à des pactes et des stipulations.

nous savons que le légataire n'avait en pareil cas qu'une action personnelle contre l'héritier.

Enfin on argumente dans l'opinion contraire à la nôtre, d'une phrase d'Ulpien, tirée du même titre *De usufructu* et ainsi conçue : « Si qua servitus imposita » est fundo, necesse habebit fructuarius sustinere : » unde et si per stipulationem debeatur, idem puto » dicendum » (1). Voilà donc bien, dit-on, un véritable droit réel, puisque l'usufruitier est tenu de le respecter. Nous répondrons avec M. Demangeat, qu'il y avait eu probablement de la part du promettant quasi-tradition de la servitude et, comme conséquence, une sorte de possession garantie, ainsi que nous le verrons tout à l'heure, par le droit prétorien. Nous ajouterons avec le même auteur, « que l'usufruitier doit jouir » comme jouissait le propriétaire, et qu'il n'y a pas à » distinguer si celui-ci jouissait d'une certaine manière, » en vertu d'une obligation personnelle à lui imposée, » ou en vertu d'une charge réelle » (2). L'observation faite par Ulpien lui-même dans le § suivant de la même loi, paraît bien justifier cette manière de voir.

En résumé, nous admettrons qu'au temps de Gaius l'usufruit sur les fonds provinciaux s'établissait au moyen de pactes et de stipulations, qu'il résultait de là une simple obligation pour le promettant de laisser jouir le stipulant, et que celui ci avait, en cas d'obstacle mis à l'exécution du contrat, une action personnelle *ex stipulatu*.

<hr>

(1) L. 27, § 4, D. *De usufructu et quemadm. quis utatur.*
(2) Demangeat. Tome 1er des Droits réels, p. 520.

Quoi qu'il en soit, une fois la servitude constituée de la sorte, une fois le stipulant mis en jouissance, il était de toute nécessité de lui fournir les moyens de faire respecter son droit par les tiers.

Le droit civil ne lui offrant à ce point de vue aucune ressource, ce fut encore le préteur qui vint à son secours, d'abord par des *interdits*, ensuite par *une action réelle*.

On considéra tout d'abord qu'il y avait lieu de reconnaître dans la tolérance du propriétaire, laissant le stipulant exercer sur la chose un droit de servitude ou d'usufruit, une sorte de tradition (1) ; et dans l'exercice même de ce droit pratiqué par celui en faveur de qui était intervenu le pacte, quelque chose d'analogue au fait de la possession. On donna à cet état de fait le nom de *quasi-possession* ou *possessio juris* (par opposition à la possession véritable ou *possessio rei*), et on la protégea par des interdits quasi-possessoires, donnés dans l'espèce *utilitatis causa*, avec une modification de la formule ordinaire (2).

On alla plus loin encore.

(1) Javolenus. L. 20. D. *De servitut.*

(2) Fragm. Vatic. 90-91. (Nota. Cette théorie de la quasi-tradition et de la quasi-possession ne paraît pas remonter au-delà du siècle d'Auguste. Car, ainsi que le remarque M. Pellat, un jurisconsulte contemporain de ce prince, Labéon, ne l'admettait point, tandis que Javolenus, qui vivait sous Trajan, l'établit dans les termes les plus formels.) « Ce serait donc dans cet intervalle d'un siècle environ » que les principes de la quasi-possession et des interdits quasi-pos- » sessoires auraient été introduits. »

(*Exposé des principes généraux du D. R. sur la propriété*, par M. Pellat, page 73.)

Nous savons que l'*action Publicienne* établie par le préteur était donnée dans deux cas, dans celui entre autres où une *res mancipi* ayant été simplement *livrée* à l'acquéreur, celui-ci venait à en perdre la possession avant d'avoir pû accomplir le temps fixé pour l'usucapion. Or le préteur considérant qu'une fois l'usufruitier mis en possession de son droit par cette sorte de quasi-tradition qui résultait de l'exercice même du droit avec le consentement du propriétaire, il serait infailliblement arrivé à l'usucapion, si la chose en avait été susceptible ou qu'une loi spéciale ne s'y fût formellement opposée (comme pour les choses incorporelles, la loi Scribonia), le préteur, dis-je, donnait l'action Publicienne, action réelle utile. C'est en ce sens que l'usufruit était constitué, *tuitione prætoris* (1) ainsi que s'exprime Ulpien, et qu'on peut dire en d'autres termes avec le même jurisconsulte : *que la tradition faite par le propriétaire et sa tolérance à souffrir l'exercice de la servitude est protégée par le préteur* (2). « Par analogie, dit à ce sujet M. Pellat,
» du langage usité en matière de propriété, où celui
» à qui compète l'action réelle civile a le *dominium*
» *rei*, et celui à qui compète l'action réelle Publicienne
» a seulement la *possessio rei*, on dit ici que celui à
» qui appartient l'action confessoire civile a *dominium*
» *ususfructus*, et que celui à qui appartient l'action
» Publicienne ou prétorienne a seulement *possessio*
» *ususfructus* (3). »

<hr>

(¹) Ulpien. L. 1, pr... D. Quib. mod. usuf. amitt.
(2) Ulpien. L. 1, § 2. D. De servit. præd. rustic.
(3) Pellat. Op. cit., page 73.

Après ce que nous venons de dire, si nous ajoutons
que certaines villes situées hors de l'Italie jouissaient *du
jus italicum* ; que parmi les conséquences de ce droit
dont les unes sont reconnues, les autres contestées, il
en est une universellement admise, c'est que les immeubles compris dans le territoire de ces villes
étaient susceptibles du *dominium ex jure Quiritium*,
que par conséquent *la mancipatio* et l'*in jure cessio*
pouvaient s'y appliquer (1), si nous ajoutons, dis-je, ces
quelques mots sur ce droit particulier, exceptionnellement accordé à un certain nombre de villes, nous
aurons tracé le tableau complet de la situation légale
faite au sol des provinces sous l'empire.

Nous trouvons, en résumé, qu'à part la qualification
même de droit de propriété, qui ne semblait, dans la
rigueur des principes, pouvoir s'appliquer aux fonds
provinciaux, les habitants avaient en réalité sur eux
tous les droits qu'elle confère. Cette *pleine possession*,
dont parle Théophile, se transmettait aux héritiers,
était susceptible de droits de servitude et d'usufruit,
et nous avons vu le préteur la protégeant au moyen
des interdits et de l'action réelle. Aussi comprend on
que le mot *dominium* appliqué aux fonds provinciaux
se trouve plusieurs fois répété dans les fragments du
Vatican (2).

Enfin les quelques différences conservées par l'ancien droit entre le sol italique et celui des provinces
furent abolies par Justinien, qui établit entre eux la

(1) *De censibus*, D. L. XV.
(2) Fragm. Vatic , § 283, 3 5, 316.

plus complète assimilation et consacra ainsi, par une disposition légale, un état de choses depuis longtemps existant (1).

(1) Instit., § 40, *De divis. rer.* « *Inter quæ (prædia quæ in provin-* « *ciis sunt) nec non et Italica prædia, ex nostra Constitutione, nulla* « *est differentia.* » (Ainsi que le remarque M. Demangeat, la Consti- tution à laquelle renvoie ce texte, n'est pas, comme on a coutume de le dire, la loi unique C. *De nudo jure Quiritium tollendo,* Constitution dont le but est de supprimer la distinction établie entre le *dominium ex jure Quiritium* et l'*in bonis,* mais la loi unique C. *De usucapione transformanda.* « A la fin de cette dernière Constitution, dit M. De- » mangeat, Justinien prescrit, *ut sit rebus et locis omnibus similis* » *ordo.* »

Demangeat, *Op. cit.* tome I<sup>er</sup>, page 479 en note.)

# CHAPITRE III

### De l'administration de la Province.

## SECTION I<sup>re</sup>.

#### ORGANISATION JUDICIAIRE.

### § 1<sup>er</sup>. — *Juridiction contentieuse.*

L'étude que nous venons de faire sur la condition légale des pérégrins et le sol des provinces, nous amène, par l'enchaînement naturel des idées, à rechercher devant quels tribunaux et quels juges, les étrangers étaient appelés à faire valoir leurs droits.

Ainsi que nous l'apprend Pomponius (1), à l'origine de la République, la juridiction appartenait à Rome aux consuls ; puis, à raison même de l'éloignement de ces magistrats que leur caractère militaire appelait fréquemment aux frontières, on créa une nouvelle magistrature, la préture, et le préteur urbain fut chargé de rendre la justice dans l'enceinte de la ville. Mais bientôt l'affluence des étrangers devenant plus grande, à mesure que s'étendaient les relations entre la province et Rome, et le préteur urbain se trouvant dé-

_____

(1) Pomponius. Loi 2, § 28. D. *De orig. jur.*

bordé, on lui adjoignit un collègue, le préteur pérégrin, auquel on donna plus particulièrement pour
mission, ainsi que son nom l'indique, de juger les contestations qui s'élevaient entre les habitants de la province.

La procédure des actions de la loi était alors fermée
à ces derniers. Lors donc que le préteur pérégrin était
appelé à intervenir dans un débat de ce genre, il déli-
vrait une formule conçue *in factum*, indiquant l'objet
de la contestation et chargeant les *recuperatores* (au
nombre de 3 ou de 5) de condamner le défendeur
dans le cas où la prétention du demandeur leur pa-
raîtrait justifiée (1).

Cette forme de procédure finit par se généraliser; et
en passant aux citoyens romains, donna naissance au
régime formulaire (2). Ce fut la conséquence d'un

(1) S'il est vrai de dire que le préteur pérégrin renvoyait en général les plaideurs devant des *recuperatores*, nous voyons cependant
qu'il les renvoyait parfois aussi devant un *judex*, et que par contre,
le préteur urbain pouvait substituer à l'*unus judex*, des récupérateurs. (Gaius, Comm. IV, § 105 et § 141.)

(2) Bien que le système formulaire s'appliquât aux contestations
des pérégrins, comme à celles des citoyens romains, nous voyons
cependant, en dehors même de la composition des formules, certaines différences subsister dans la procédure, suivant que le procès
s'élevait entre les premiers ou les seconds. C'est ainsi que les
instances se divisaient, à ce point de vue, en *judicia legitima* et
*judicia imperio continentia*.

On donnait le nom de *judicia legitima* aux instances organisées
à Rome, ou dans un rayon d'un mille autour de Rome, entre plaideurs et devant un juge, tous citoyens romains; on appelait, au
contraire, *judicia imperio continentia* les instances dans lesquelles
intervenaient les récupérateurs, et encore celles qui s'organisaient
soit devant un seul juge, lorsque ce juge ou l'un des plaideurs était

double fait. D'une part le système des actions de la loi, par sa rigueur excessive, devint forcément à la longue impraticable et odieux, et de l'autre les deux préteurs étant appelés à se remplacer, on conçoit que le préteur pérégrin lorsqu'il remplissait les fonctions de son collègue, continua de procéder par la voie des formules. La loi *Æbutia* et les deux lois *Julia*, ces dernières attribuées au règne d'Auguste, consacrèrent la substitution du second régime au premier (1).

Les préteurs, en entrant en charge, rendaient ce qu'on appelait *un édit*, sorte de programme dans lequel se trouvaient formulés les principes qu'ils entendaient suivre dans l'administration de la justice, et la façon r'ont ils interpréteraient les dispositions de la loi (2). Ces édits formèrent à la longue une véritable jurisprudence et donnèrent naissance à ce qu'on nomma le *jus honorarium*. C'est qu'en effet les préteurs ne se bornèrent pas à commenter le droit civil, ils s'appliquèrent surtout à le corriger, à le modifier toutes les fois que ces modifications leur paraissaient répondre aux mœurs, aux circonstances, aux nécessités du moment (3).

Sous le règne d'Adrien, un jurisconsulte éminent *Salvius Julianus*, réunit en un seul corps d'ouvrage,

pérégrin, soit à plus d'un mille de Rome. Ce n'était pas là une simple question de mots, car cette distinction offrait un double intérêt tant au point de vue de la *péremption d'instance*, que des effets de la *litis contestatio*. (Gaius, comm. IV, § 103, 104, 105, 106 et 107.)

(1) Gaius. IV, 30.
(2) Pomponius. Loi 2, § 10. D. *De orig. juris*.
(3) Papinien, Loi 7, § 1. D. *De justit. et jure*.

les dispositions contenues dans les édits des préteurs qui s'étaient succédé depuis l'origine. A partir de cette époque les préteurs cessèrent de proposer dans leurs édits des règles nouvelles, et cela paraît être vrai tant du préteur pérégrin que du préteur urbain. Toutefois, ainsi que le remarque M. Demangeat, « tandis » que les jurisconsultes les plus éminents, à commen- » cer par Gaius, composèrent des commentaires *ad* » *edictum prætoris urbani*, nous ne voyons pas que » l'édit du préteur pérégrin ait été jugé digne du » même honneur (1). »

Telle était l'administration de la justice à Rome. Si nous nous demandons à présent comment elle était organisée dans les provinces, nous aurons à distinguer deux époques ; la première comprenant la République et les commencements de l'Empire jusqu'à Dioclétien, la seconde s'étendant au-delà du règne de ce prince.

### A. *Période antérieure à Dioclétien.*

Dans la première période, nous voyons que les gouverneurs de province ont la *jurisdictio*, c'est-à-dire l'administration de la justice civile (2). On renferme communément les attributs de la juridiction dans ces trois mots : *dare, dicere, addicere. Dare* c'est donner un juge ; *dicere*, poser une règle, notamment sous forme d'interdit ; *addicere* c'est attribuer un droit

(1) Demangeat. *Op. cit.*, tome I, page 89.
(2) Par opposition à la justice criminelle, *publici judicii exercitio*,

de propriété, d'usufruit, comme par exemple dans l'*injure cessio*. Et comme d'après la remarque même de Javolenus (1), celui aux mains duquel on a remis l'administration de la justice, doit avoir à sa disposition tous les moyens propres à en assurer l'exécution, on accordait aux gouverneurs de province l'*Imperium*, ce qui comprend à l'époque que nous étudions, non-seulement l'*Imperium mixtum* dont Paul nous dit que : *jurisdictioni cohæret*, comme par exemple le droit d'ordonner un envoi en possession, mais même, l'*Imperium merum*, la *gladii potestas, ad animadvertendum facinorosos homines* (2).

Un gouverneur venait-il à être nommé, il pouvait dès sa sortie de Rome, mais alors seulement, revêtir les insignes de sa charge, relever ses faisceaux et faire des actes de juridiction volontaire, présider par exemple à un acte d'affranchissement ou d'adoption (3). Quant à la juridiction contentieuse, il n'avait le droit de l'exercer qu'une fois rendu dans sa province (4). A cet effet les gouverneurs parcouraient le pays pendant l'hiver, y tenant des assises (ses-

qu'ils avaient aussi, mais sans pouvoir la déléguer. Papinien. Loi, I. D. *De officio ejus, c. m. est jurisdictio.*

(1) Javolenus. Loi 2, D. *De jurisdictione.*

(2) Ulpien. Loi 3, D. *De jurisdict.* et Loi 6, § 8, *De offic. præs.* [Nota. La *jurisdictio* est dite *plenior*, lorsqu'elle implique l'*imperium*, comme était celle des gouverneurs de province, et au contraire *minus plena*, si elle ne comprend pas les actes qui sont *magis imperii, quam jurisdictionis*, tels qu'un envoi en possession, une *restitutio in integrum*. De ce nombre était la juridiction des magistrats municipaux. Paul, Loi 26, D. *Ad municipalem.*]

(3) Ulpien. L. 1, D. *De offic. procons.*; et Martien. Loi 2, eod. tit.

(4) Paul. Loi 3. D. *De offic. præs.*

siones), et recevant les réclamations des parties, soit
comme juges de première instance, soit comme juges
d'appel. Leur juridiction ne s'étendait du reste
qu'aux habitants de la province, et ils n'avaient de
pouvoir sur les étrangers qu'autant que ceux-ci trou-
blaient la paix publique. Ils faisaient en pareil cas
usage de l'*imperium* dont nous avons parlé plus haut,
pour débarrasser la province de ces hôtes incom-
modes.

Un point important à étudier est celui de savoir,
si dans le jugement d'un procès civil, le gouverneur
avait la faculté de terminer lui-même l'affaire, ou
devait au contraire la renvoyer à un juge. Il semble
que la loi lui laissait à cet égard un pouvoir discré-
tionnaire, ainsi qu'on en peut juger par des textes
nombreux. Je citerai notamment la loi 8, D. *De offic.
Præs.* de Julien :

« J'ai mainte fois entendu répéter à notre empe-
» reur, dit ce jurisconsulte, qu'en invitant les parti-
» culiers à porter leurs contestations devant les gou-
» verneurs de province, il n'entendait point imposer à
» ces derniers l'obligation de connaître personnelle-
» ment de l'affaire, mais que c'était à eux de décider,
» s'ils devaient terminer par eux-mêmes la contesta-
» tion, ou nommer un juge (1). »

En prévision de ce dernier cas, les gouverneurs formaient dans les villes où ils devaient tenir leurs
assises, des décuries de *Jurés* ou *recuperatores*. Ces décuries portaient le nom de *conventus*, expression qui a

(1) Voir également Callistrate. L. 9, D. eod. tit.

du reste d'autres significations et désigne notamment
les sessions ou assises des gouverneurs de province (1).

Notons en passant que l'usage de ces *conventus* finit
par se perdre du jour où la réduction opérée, ainsi
que nous l'avons vu plus haut, dans l'étendue géogra-
phique des provinces, et encore la création de nouvelles juridictions inférieures, permirent de rendre la
justice des gouverneurs sédentaire (2).

Nous aurons à revenir plus tard sur cette question
du renvoi des causes par les gouverneurs à des juges
spéciaux ; nous nous contenterons de constater ici,
qu'à l'époque dont nous parlons, c'est-à-dire avant la
fameuse constitution de Dioclétien de 294, il y avait là
pour les gouverneurs, une simple faculté, nullement
une obligation, et nous passons à l'examen des magistratures auxquelles appartenait en sous-ordre
l'administration de la justice dans les provinces.

Au-dessous du gouverneur de province nous trouvons en premier lieu ses lieutenants : *legati procon-
sulis*, dont nous avons déjà parlé dans notre intro-
duction. Ces *legati* n'avaient point il est vrai de
juridiction propre, ils l'acquéraient par délégation du

(1) C'est dans ce sens que nous voyons le mot *Conventus* employé
aux Instit. de Gaïus. Nous lisons en effet au § 20 du Comm. I,
que le *concilium*, établi par la loi *Ælia Sentia*, dans le cas où il
s'agissait d'affranchir un esclave mineur de XXX ans, pour examiner
si l'affranchissement avait lieu en vertu d'une juste cause, conseil
formé dans les provinces de 20 récupérateurs, citoyens romains, se
réunissait le dernier jour de la session, *Conventus*, tenue par le
gouverneur. (Voir aussi Ulpien, Fragm. 1, 13.)

(2) Théophile. Paraphr. Liv. L. Tit., VI, § 4.

gouverneur (1), et avaient dès lors comme lui la faculté de donner un juge. Toutefois il ne faudrait pas prendre à la lettre ces mots de *mandata jurisdictio* et croire que toutes les conséquences de ce qu'on appelait la juridiction déléguée s'appliquassent à la délégation faite par le gouverneur à son lieutenant. Ainsi, en général, celui qui délègue peut révoquer sa délégation quand il veut ; ici, il fallait en référer au prince (2). Ensuite et surtout, tandis qu'en principe l'appel de la sentence du délégué ne se porte pas au déléguant, mais au supérieur de ce dernier, ici au contraire on portait l'appel devant le proconsul (3).

Outre les pouvoirs qu'ils tenaient des gouverneurs, les *legati* en avaient aussi certains qui leur étaient propres : nous voyons dans cet ordre d'idées qu'ils participaient à la juridiction volontaire et pouvaient nommer des tuteurs (4).

D'autres fonctionnaires étaient encore investis dans les provinces d'une juridiction secondaire. « Sous » l'empire, dit à ce sujet M. Demangeat, nous voyons » à la tête de l'administration, dans les municipes et » dans les colonies, des magistrats élus chaque année,

(1) Pomponius. L. 13. D. *De offic. proc. et leg.* — Paulus. L. 12, eod. tit. [Nota. L'*imperium* ne pouvait être délégué, même aux lieutenants des proconsuls. V. L. 11. D. *De off. proc. et leg.* V. également L. 6 et L. 70 D. *De reg. juris.* Il s'agit bien entendu ici de l'*imperium merum*, non de celui *qui jurisdictioni cohæret*, comme le remarque Paul. L. 1 D. *De offic. ejus cui mandata est jurisdictio.*]

(2) Ulpien. L. 6, § 1. D. *De off. proc. et legat.*

(3) Ulpien. L. 1, § 1. D. *Quis a quo*, et Venuleius, L. 2, cod. tit.

(4) Lucinius Rufinus. L. 15 D. *De off. proc. et legat.*

» et qui portent habituellement le nom de *duumviri*;
» comme les anciens consuls de Rome, ils président
» aussi dans certaines limites à l'administration de
» la justice (1). » Bien qu'admettant cette organisation pour les villes d'Italie, M. de Savigny (*Hist. du
D. R. Tome* I, p. 26 et s.) soutient qu'il n'en était
pas de même dans les provinces ; qu'à part les cités
jouissant *du jus italicum*, on ne trouve point chez les
autres de magistrats ayant une juridiction particulière ; enfin, que dans les provinces, l'administration
de la justice appartenait aux gouverneurs qui l'exerçaient tantôt par eux-mêmes, tantôt comme nous
l'avons vu par leurs légats.

Nous n'admettrons pas cette opinion. On pourrait
tout d'abord contester la distinction établie par M. de
Savigny entre les villes de province jouissant du *jus
italicum*, et celles auxquelles ce privilége n'avait pas
été accordé, car aujourd'hui nombre d'auteurs pensent qu'il n'y a aucun rapport entre le *jus italicum* et
la liberté municipale.

Mais nous ne nous arrêterons pas à cette question
de détail, le système lui-même nous paraît d'une
part insoutenable dans la pratique et de l'autre in-
conciliable avec les textes.

Comment concevoir en effet qu'avant l'institution
des défenseurs des cités il n'y ait eu dans les provinces d'autre juridiction que celle des gouverneurs,
si nous considérons d'une part leur petit nombre, de
l'autre la vaste étendue de certaines d'entre elles ?

______

(1) Demangeat, *Op. cit.*, tome I, page 471.

La Gaule par exemple, dont le territoire embrassait, outre la France actuelle, la Hollande et la Belgique, ne comptait que dix-sept gouverneurs. Ajoutons les difficultés qui devaient forcément résulter du manque de publicité, du défaut de communications, et nous ne pourrons comprendre l'existence d'une organisation judiciaire telle que la suppose M. de Savigny pour le monde romain.

Les textes viennent du reste à l'appui de notre opinion. C'est ainsi qu'un jurisconsulte de l'époque classique, Paul, reconnaît en termes formels et sans distinction entre le sol italique et celui des provinces, l'existence d'une juridiction municipale : « *Ea quæ* » *magis imperii sunt quam jurisdictionis*, dit ce ju- » risconsulte, *magistratus municipalis facere non po-* » *test* (1). »

Et ailleurs (2) il s'exprime ainsi : « *Extra territorium* » *jus dicenti, impune non paretur.* »

« Ce passage, dit M. Serrigny, a évidemment trait » aux magistrats municipaux, ainsi que cela résulte » 1° de ce que ce fragment est tiré du même livre I » *ad edictum*, que la loi 26 *Ad municip.*; 2° de ce que » le mot *territorium* signifie proprement l'ensemble » du fonds compris dans les limites d'une cité (3).

Nous pourrions encore ajouter que le Code théodosien réservait formellement aux gouverneurs de province l'appel des sentences rendues par les magistrats mu-

(1) Paul, L. 26, D. *Ad municip.*
(2) Paul, L. 20, D. *De Jurisdict.*
(3) Serrigny, Droit public et administratif romain, tome I, § 251.

4

nicipaux : « Quotiens vero a magistratibus pedaneisque
» judicibus dicta sententia appellatione suspenditur,
» super qua disceptatio, non auditorii sacri, sed ordi-
» nariorum judicum cognitione tractanda est (1). »

Nous reviendrons plus tard sur ce texte.

La juridiction des magistrats municipaux nous paraît donc bien formellement établie.

Ce n'est point à dire que cette juridiction fût la
seule qui existât au-dessous des gouverneurs de province. A côté des magistrats municipaux en effet
(*duumviri*), nous trouvons le *defensor civitatis*.

Ces magistrats originairement établis pour protéger
les villes contre la tyrannie et les exactions des gouverneurs ou de leurs lieutenants, chargés de représenter les cités dans leurs procès, avaient aussi une
juridiction spéciale.

Une constitution de Valentinien et Valens (305 de
J.-C.) leur donnait le droit de recevoir les actes judiciaires et même de juger les affaires civiles jusqu'à
concurrence de 50 solides (2).

Cette juridiction fut élevée par Justinien à 300 aurei.
L'appel de leurs décisions se portait devant le gouverneur de la province (3).

Ils n'avaient pas du reste de juridiction criminelle,
et pouvaient seulement faire arrêter les malfaiteurs
pour les livrer aux gouverneurs. Justinien, qui avait
déjà, comme nous venons de le voir, étendu leur ju-

______

(1) L. 3. C. Théod. *De reparat. appell.*
(2) L. 4. C. *De defens. civil.*
(3) Nov. XV, chap. V, princ.

ridiction en matière civile, leur accorda de même le droit de juger les délits de peu d'importance (1).

Enfin ils exerçaient une juridiction gracieuse, et pouvaient nommer des tuteurs, quand la fortune du pupille ne dépassait pas 50 solides (2).

Après ce court aperçu des magistratures infé-rieures, nous revenons à la question capitale, celle de la juridiction des gouverneurs de province (*judices ordinarii*), et nous abordons avec elle la seconde pé-riode de l'organisation judiciaire, période que nous avons placée, si on se le rappelle, sous le règne de Dioclétien.

### B. Période postérieure à la constitution de Dioclétien.

Ce fut en 294 qu'une constitution célèbre de ce prince invita les gouverneurs de province à connaître personnellement, de toutes les affaires portées devant eux, à moins toutefois qu'il ne leur fût impossible d'y suffire.

Cette constitution forme, au Code de Justinien, la loi 2 du titre : De Pedaneis judicibus. En voici le texte :

Impp. Diocletianus et Maximilianus, AA. et CC. Vicariis.

« Placet nobis,

» Præsides de his causis, in quibus quod ipsi non

(1) Nov. XVI, Chap. 6, § 4.

(2) Instit. Just., *De Atiliano tutore*, § 5, et L. 3 D. *De tut. et curat. datis.*

possent cognoscere, antehac pedaneos judices dabant,
notionis suæ examen adhibere ; ita tamen, ut si vel
propter occupationes publicas, vel propter causarum
multitudinem omnia hujusmodi negotia non potue-
rint cognoscere, judices dandi habeant potestatem.
Quod non ita accipi convenit, ut in his etiam causis,
in quibus solebant ex officio suo cognoscere, dandi judices licentia eis permissa credatur. Quod usque adeo
in præsidum cognitione retinendum est, ut eorum judicia non diminuta videantur : dum tamen et de in-
genuitate super qua poterant etiam ante cognoscere,
et de libertinitate præsides ipsi dijudicent. »

Il résulte de cette constitution :

1° Qu'il existait précédemment certaines affaires
dans lesquelles les gouverneurs étaient tenus de
donner un juge (c'étaient les causes de peu d'importance, *humiliores*).

2° Qu'ils devront dorénavant les juger par eux-mêmes, comme aussi d'une façon générale toutes les contestations qui leur seront soumises, à moins que la
multiplicité des affaires ou l'abondance des causes n'y
mettent obstacle.

3° Que même en pareille circonstance ils ne pourront renvoyer devant un juge les affaires dont ils devaient connaître auparavant par eux-mêmes.

En résumé, dans la constitution de Dioclétien, le
principe est que le gouverneur termine l'affaire ; c'est
par exception seulement qu'il peut la renvoyer à un
juge (1).

(1) [C'était là la consécration du régime *extraordinaire* dans la
procédure des instances. Ce qui n'avait été établi que pour les pro-

Plus tard une constitution de l'empereur Julien de l'an 362 insérée au Code.Th. et rappelée dans celui de Justinien (1) modifia ces dispositions en permettant aux gouverneurs de donner aux parties des juges pédanés, même pour les causes minimes (*negotia humiliora*).

Qu'était-ce pourtant que ces *judices pedanei* ? Etait-ce, comme on l'a soutenu, les magistrats municipaux eux-mêmes ? Nous ne le croyons pas.

Nous pensons au contraire que ce devaient être des espèces d'arbitres, des *judices privati* par opposition aux magistrats municipaux, les successeurs des anciens *recuperatores*.

Nous en trouvons la preuve dans des textes nombreux. Voici, en premier lieu, comment s'exprime Ulpien à ce sujet : « Prætor ipse se tutorem dare non potest, sicut nec pedaneus judex, nec compromissarius ex sua sententia fieri potest (2). »

Or, ainsi que le fait remarquer M. Demangeat, « il
» n'était évidemment pas besoin de défendre au pré-
» teur de se nommer lui-même magistrat municipal ;
» mais ce qui était possible en fait, et ce qui par consé-
» quent avait besoin d'être défendu, c'est que le pré-
» teur,en tête de la formule qu'il rédigeait, se désignât

---

vinces, devint bientôt la régle généra'e. Ainsi que s'expriment les Inst. « *Omnia judicia facta sunt extraordinaria.* » (*De success. subl.* III, 12.)

Déjà auparavant les anciennes formules (*formulæ juris*) avaient été supprimées].

(1) L. 5, C. *De ped. jud.*

(2) Ulpien, L. 4, D. *De tutor. et cur. dat.*

» lui-même, comme étant le juge qui devait connaître
» de l'affaire (1). »

C'est ensuite la loi 3 au Code théodosien de *De reparat.
Appell.* déjà citée par nous pour établir l'existence de la
juridiction des magistrats municipaux et qui distingue
formellement ces derniers des *judices pedanei.*

C'est enfin le titre entier *De pedaneis judicibus* où
nous trouvons fréquemment le nom de juges pédanés,
remplacé par celui d'arbitres (2).

Les auteurs dont nous contestons l'opinion font
cependant remarquer que si les *judices pedanei* n'é-
taient autre chose que les anciens jurés ou le souvenir
de cette institution, il serait au moins singulier que leur
nom ne se trouvât pas dans les textes du Digeste empruntés aux juriconsultes de l'époque classique. Et si on
leur présente des textes de ce genre, où se trouve formellement écrit le nom de juges pédanés (3) ils préten-
dent que ces textes ont été viciés par des interpola-
tions. Toutefois, cette assertion paraît peu probable
appliquée aux Sentences de Paul ; nous trouvons cependant de ce jurisconsulte un titre entier consacré
aux juges pédanés qui se seraient rendus coupables
de concussion (4).

(1) Demangeat, *op. cit.*, tome II, page 477.

(2) *De ped. jud.* C. III, 2. Je cite notamment cette phrase tirée
d'un rescrit de l'empereur Gordien et formant au Code la loi 1re
dudit titre : « Procuratori nostro, non vice præsidis agenti, dandi
*judices* inter privatas personas, non competere facultatem manifestum
est; et ideo si inter privatas personas, *arbitros* dandos putavit, sententia ab eis prolata, nullo jure subsistit. »

(3) V. L. 3 D. *Ne quis eum qui in jus*, et L. 1, § 6, D. *De postu-
lando.* Voir également la loi d'Ulpien citée plus haut.

(4) Sentenc. Paul, V. 28.

On fait enfin une dernière objection avec la loi 3, au C. Th. *De reparat. appell.* On remarque que dans le cas ou la décision rendue par un juge pédané était contestée, l'appel se portait au gouverneur de la province, non à l'Empereur. Or, dit-on, si les juges pédanés eussent été des délégataires ordinaires, on eût porté l'appel non devant le gouverneur, mais devant le supérieur immédiat de celui qui leur avait délégué la juridiction, en vertu du principe suivant : *Ab eo cui quis mandavit jurisdictionem, non ipse provocabitur* (1). »

Cette objection est sans fondement. Il ne s'agit point en effet ici de juridiction déléguée. Nous nous trouvons en présence d'une part d'un magistrat, de l'autre d'un juge, l'un et l'autre tirant leurs attributions de la loi, sans qu'il y ait entre eux aucun rapport de délégué à déléguant, et par conséquent ce n'est pas le § 1 de la L. 1. D. *Quis a quo,* que nous devons appliquer, mais bien la règle insérée au pr. de la même loi, sous cette forme : *eum appellari qui dedit judicem.*

Au surplus, nous n'avons combattu la thèse opposée à la nôtre qu'en tant que trop absolue, nous ne ferons donc pas difficulté de reconnaître que les mots *judices pedanei* étaient, comme le dit Pothier : *une expression complexe,* employée dans des sens divers et tantôt pour les juges donnés par le magistrat, tantôt pour les magistrats inférieurs. Ceci est vrai surtout à l'époque du Bas-Empire. Ce que nous croyons, c'est qu'il est faux de dire d'une façon absolue qu'à l'époque des

(1) Ulp. L. 1, § 1 D. *Quis a quo app.*

jurisconsultes, l'expression de juges pédanés désignait toujours des magistrats municipaux.

Nous avons ainsi passé en revue les différentes magistratures, les unes de droit commun (*judices ordinarii*), les autres d'exception (magistrats municipaux, défenseurs de cités), dont se composait l'organisation judiciaire de la province. Disons maintenant quelques mots *de l'appel*.

A l'origine de la République, l'*appel* n'existait pas à Rome. Il y était remplacé par l'*intercessio*, c'est-à-dire par l'intervention du collègue ou du supérieur du magistrat qui avait rendu la décision contestée. Cette pondération des pouvoirs était la conséquence et le but de leur division entre les mains de plusieurs, et on conçoit qu'avec elle, l'appel n'eût pas de raison d'être.

Plus tard, au contraire, sous l'Empire, lorsque le prince put être considéré comme investi de la souveraineté populaire, qu'il eut réuni sur sa tête l'ensemble des prérogatives qui appartenaient précédemment aux différentes magistratures de la République, toute autorité venant de lui, ce fut à lui aussi qu'on en appela de la décision des magistrats auxquels il avait délégué le pouvoir. C'était encore là comme une continuation de l'ancien état de choses; l'empereur étant en effet revêtu de la *tribunitia potestas*, son intervention, son veto, se traduisaient sous forme de sentence, annulant ou confirmant la décision attaquée.

Il est incontestable que l'appel existait déjà sous Marc-Aurèle, ainsi que l'établit un rescrit de ce prince rapporté par Ulpien (1). A l'époque des empereurs chrétiens, l'appel pouvait être formé dans toutes les causes civiles ou criminelles, et était organisé ainsi qu'il suit contre les décisions des gouverneurs de province, eux-mêmes, ainsi que nous l'avons vu, juges d'appel, à l'égard des magistrats inférieurs.

Certains d'entre eux avaient un rang, une importance supérieure à ceux de leurs collègues, tels étaient les proconsuls d'Asie, d'Achaie et d'Afrique. L'appel de leurs décisions était porté, pour le premier devant le préfet de la ville, à Constantinople (2), pour les seconds devant l'empereur lui-même.

Quant aux autres gouverneurs, on recourait des décisions rendues par eux, devant le préfet du prétoire, son vicaire, ou l'un des proconsuls, Il y avait ainsi plusieurs degrés de juridiction; seul, le préfet du prétoire jugeait en dernier ressort, sauf le cas de violation de la loi, cas dans lequel on pouvait se pourvoir en cassation devant l'empereur (3). L'empereur était ainsi le centre auquel aboutissaient tous les recours, soit par une succession d'appels, soit par la voie du recours en cassation. Mais remarquons bien qu'on ne pouvait se pourvoir *de plano* devant lui : *responsum non dabimus*, ainsi s'exprime Justinien dans une de ses Novelles (4). Ce même empereur restreignit le nombre des degrés d'appel, en décidant que celui qui aurait été condamné successivement

(1) L. 1, § 3, D. *De appel.*
(2) L. 23, C. *De appellationibus.*
(3) L. un. C. *De sentent. præf. præt.*
(4) Nov. XVII, chap. III, *in fine.*

par trois décisions conformes sur les mêmes chefs, ne serait plus recevable à attaquer la troisième sentence (1).

Le délai pour pouvoir interjeter appel était primitivement de *deux* jours à dater du jugement si on appelait en son nom personnel, de *trois* si on appelait au nom d'autrui. Justinien le porta à dix jours sans distinction (2).

A côté des juridictions ordinaires civiles ou criminelles dont nous venons de parler, il y avait aussi des tribunaux spéciaux, établis les uns *ratione materiæ*, les autres *ratione personæ*.

Dans la première catégorie nous placerons les tribunaux administratifs dont nous parlerons plus loin à propos des impôts.

A la seconde appartiennent les tribunaux militaires et les juridictions ecclésiastiques.

Il est certain que de tout temps les chefs militaires eurent à Rome une certaine juridiction sur leurs subordonnés. Sous les empereurs chrétiens, ils prirent aussi part à l'administration de la justice civile. Toutefois M. de Savigny, qui s'est occupé de cette question dans son histoire du D. R. au moyen âge, reconnaît que les textes sont contradictoires sur ce point.

Quant à la juridiction ecclésiastique, il paraît bien établi qu'à l'origine elle n'eut d'autre caractère que celui d'un arbitrage volontaire, offert aux parties pour

_______

(1) L. uniq. C. *ne liceat in una eademque causa tertio provocare*.
(2) Nov. XXIII, chap. I.

le jugement des affaires purement civiles (1). Pour l'exécution des décisions épiscopales on recourait aux juges ordinaires.

Plus tard, Justinien établit, dans une de ses Novelles, que, par un privilége spécial, les clercs poursuivis en vertu d'une convention pécuniaire (*ob pecuniariam causam*) devraient être traduits devant le tribunal de l'évêque (2).

Quant à l'évêque lui-même, il ne pouvait être en aucune matière cité sans autorisation impériale devant les juges séculiers; des peines sévères étaient prononcées contre ces derniers en cas d'infraction (3).

En matière criminelle, on distinguait entre les délits et les crimes de droit commun, et ceux qui se rattachaient au domaine religieux. Ces derniers appartenaient à la juridiction ecclésiastique (4); pour les premiers, au contraire, les tribunaux laïques restaient compétents. Toutefois ici encore, les personnes religieuses jouissaient d'un certain privilége en ce qu'elles ne pouvaient être poursuivies, dans les provinces, que devant le gouverneur, et dans la capitale, que devant le préfet de la ville (5).

Ajoutons à ce que nous venons de dire que pour tout ce qui avait trait à la discipline, les tribunaux ecclésiastiques étaient souverainement compétents à l'égard des clercs; et enfin que, dans tous les cas où la

(1) L. 7, C. *De episcop. audient.*
(2) Nov. LXXXIII.
(3) Nov. CXXIII, chap. VIII.
(4) Nov. CXXIII, chap. XXI.
(5) L. 33, C. *De episcopis.*

causé devait être jugée au tribunal de l'évêque, l'appel de sa sentence était porté au métropolitain et du métropolitain au patriarche (1).

Ce fut ainsi que l'action des évêques, simple arbitrage à l'origine, donna peu à peu naissance à cette juridiction ecclésiastique, appelée à exercer au moyen âge une influence si salutaire dans l'administration de la justice.

### § 2. — *Juridiction volontaire.*

En étudiant l'organisation judiciaire de la province, nous n'avons jusqu'à présent traité que des juridictions contentieuses ; il nous reste, pour compléter le tableau de cette organisation, à dire quelques mots des juridictions volontaires.

La plus importante était celle des gouverneurs. Elle consistait à interposer leur autorité *inter volentes*, pour habiliter, c'est-à-dire valider ou authentiquer certains actes à l'égard desquels la loi autorisait ou exigeait leur intervention. Tels étaient, l'affranchissement, l'adoption, la *cessio in jure*, la *missio in bonorum possessionem*, la nomination des tuteurs ou curateurs (2). La législation impériale y ajouta la transcription des donations ou testaments, sur des registres spéciaux.

Déjà, avant l'époque de Constantin (3), des consti-

---

(1) Nov. CXXIII, chap. 22.

(2) V. Inst. Gaius, I, § 20, *in fine, De recup.* ; — § 98, 99, 100, *De adoption.* ; — § 185 et 198, *De atil. Tut.* — II, § 24 *De mano. et in jure cess.* — III, § 32, *bon. poss. cum re et sine re.*

(3) Ce prince nomme Constance Chlore, son père, comme l'auteur

tutions exigeaient que les donations, pour être valables, fussent insinuées, c'est-à-dire mentionnées sur des registres. Constantin en rappelant et confirmant cette mesure (1), déclara que l'insinuation aurait lieu *apud judicem vel magistratus*, c'est-à-dire, ainsi qu'il l'explique plus loin, *apud judicem ordinarium, vel si eum abesse contigerit, apud curatorem municipalesve ejusdem civitatis* (2).

Plus tard on décida que l'insinuation ne serait nécessaire que lorsque la donation excéderait 200 solides. Justinien éleva ce chiffre à 500 (3).

Si nous passons aux dispositions testamentaires, sans raconter ici comment et par suite de quelles innovations le testament perdit chez les Romains les formes solennelles qui lui avaient été attribuées à l'origine, nous nous bornerons à rappeler que dans le dernier état du droit, on distinguait le testament écrit et le testament non écrit.

Le premier devait être fait *uno eodemque contextu*, signé par les témoins et le testateur, et cacheté par eux. Le second résultait d'une simple déclaration du testateur, également faite en présence de sept témoins. Or, nous lisons dans plusieurs constitutions des empereurs Arcadius, Honorius et Théodose, insérées au Code de Justinien (4), que les magistrats, tant

de cette innovation : « Pater Noster nullam voluit valere liberalitatem, si actis inserta non esset. » (L. 4, C. Th. *De sponsalibus.*)

(1) C. Th. L. 3, *De donationibus.*

(2) L. 3, C. Th. *eod. tit.*

(3) L. 36, § 3, C. *de Donat.* — Inst. Just. Titre VII, § 2.

(4) L. 18 et L. 19. C. *de Testamentis.*

les gouverneurs de province que les magistrats municipaux, pouvaient recevoir les testaments et les dépo-
ser dans les archives; cette mesure assurait tout à la
fois l'authenticité de l'acte et sa conservation, c'était
même la seule qui pût lui donner un caractère authen-
tique, car bien qu'il existât chez les Romains des *ta-
belliones*, ce n'étaient point des officiers publics.

Les textes que nous avons cités plus haut, rappor-
tant la mesure dont nous venons de parler, emploient
le mot, *publicari*, ce qui doit s'entendre de la déclaration de dernière volonté faite par le testateur, devant
le juge. Nous croyons que les testaments écrits, tout
aussi bien que les autres, se prêtaient à une pareille
déclaration. Rien ne s'opposait en effet à ce que le testament fût déposé, clos et cacheté, entre les mains du
magistrat, lequel dressait acte du dépôt, et de la déclaration faite par le testateur que c'était bien là l'expression de ses dernières volontés.

En résumé, nous voyons les gouverneurs de province, exerçant dans ces matières une juridiction purement gracieuse il est vrai, mais encore considérable.
Ils cumulaient ainsi les fonctions de juge au civil et
au criminel, avec celles d'administrateur de la province, et remplissaient de plus, auprès des particuliers,
le rôle de nos officiers publics.

§ 3. — *Des assesseurs et des officiers des gouverneurs
de province.*

Ainsi placés à la tête de tous les services publics
dans les provinces, les gouverneurs devaient néces-

sairement s'entourer d'un grand nombre d'auxiliaires. Ils en avaient besoin particulièrement dans l'exercice de leurs fonctions judiciaires, contentieuses ou volontaires, mission qui exigeait des connaissances spéciales.

Nous trouvons donc, autour d'eux, toute une armée d'employés (*officiales*); des bureaux (*scrinia*), et à leur tête un chef de division (*princeps officii*) chargé de la direction et de la surveillance du travail. Les gouverneurs de province, cumulant les fonctions administratives et judiciaires, le *princeps officii* était appelé à prêter son concours non-seulement à l'administration proprement dite, mais aussi à l'accomplissement des actes judiciaires. C'est ainsi que nous le voyons, délivrant des citations à comparaître devant les *judices*, recevant les demandes en fixation de cause formées par les avocats, etc.

Après le *princeps* venait le *cornicularius*, sorte de greffier en chef chargé d'écrire la minute des jugements et préposé à la garde des archives.

Nous citerons encore les *actuarii* ou *ab actis*, qui rédigeaient les contrats des citoyens et tous les actes destinés à faire foi en justice, comme les donations, les testaments, etc.

C'étaient là les employés du gouverneur, mais non pas ses seuls auxiliaires.

Nous devons surtout mentionner en effet des assesseurs ou conseillers, dont il est question non-seulement au Code, mais encore dans un titre spécial au Digeste : *de officio adsessorum*. Ils avaient pour mission d'instruire les demandes, de donner leur avis, de préparer les réponses, édits, et autres actes des gouverneurs.

Paul résume ainsi leurs fonctions :

« Omne officium adsessoris, quo juris studiosi par-
» tibus suis funguntur, in his fere causis constat : in
» cognitionibus, postulationibus, libellis, edictis, de-
» cretis, epistolis (1). »

Pas plus que les conseillers de préfecture aujour-
d'hui, ils n'avaient voix délibérative au conseil. Par
contre, ils pouvaient, comme nos juges suppléants,
plaider dans les affaires où ils ne siégeaient pas (2).


### §. 4. — *Police provinciale.*


La police provinciale appartenait aux gouverneurs
de province, aussi bien que la juridiction criminelle.
Ils devaient veiller à ce qu'il ne s'élevât aucun trouble,
dans les villes et les cités, et y faire régner, ainsi qu'il
est dit dans la Novelle XVII de Just. au Code *pacem
Dei.*

Ici encore ils étaient entourés de nombreux auxiliaires. Sans parler des *speculatores* ou *beneficiarii*,
sorte d'agents de police, du *commentariensis*, directeur des prisons ; ils avaient sous leurs ordres des
*ducenarii, centenarii, sexagenarii,* formant autour
d'eux comme une sorte de garde militaire ou de gendarmerie, chargés notamment de faire exécuter leurs

_______

(1) L. 1, D. *De officio adsessorum.*
(2) L. 5, eod. tit.

ordres, arrêter les coupables, les conduire en pri,
son, etc.

Telle était l'organisation judiciaire des provinces.
Elle se résumait presque tout entière dans la personne
des gouverneurs, entre les mains desquels se trouvaient
concentrées, comme nous l'avons vu, les juridictions
de tout genre, civile et criminelle, contentieuse et volontaire. On s'étonne non moins qu'on ne s'effraye en
songeant à l'immense étendue de ces fonctions et au
pouvoir sans bornes qu'elles mettaient dans chaque
province à la disposition d'un seul homme.

## SECTION II.

### DES IMPOTS.

### § 1er. — *Contributions directes.*

En étudiant la condition légale du sol des provinces,
nous avons constaté déjà l'état d'infériorité dans
lequel elles étaient placées vis-à-vis de la métropole;
nous avons émis l'idée qu'il y avait dans cette situation comme une sorte de droit de suzeraineté conservé
par le vainqueur, pour justifier l'établissement des
nombreux tributs ou impôts auxquels étaient assu-
jettis les vaincus. C'est ici le lieu d'exposer l'organisation de ces différents impôts.

### *Impôt foncier.*

Ils variaient fréquemment entre eux de forme ou de
nature, par ce fait même que tantôt les Romains res-
pectaient les contributions établies dans le pays conquis, et tantôt en introduisaient de nouvelles. Ainsi

certaines provinces payaient un impôt foncier fixe (*prædia stipendiaria, vel tributaria*) (1), certaines autres (*agri vectigales*) (2), des prestations de fruits variables ; tout cela, l'assiette, la nature, le mode de perception de l'impôt était déterminé par la *formula provinciæ*. Avec le temps, toutefois, la tendance fut de généraliser l'impôt territorial, et de supprimer les prestations variables. Suivant même M. de Savigny, à l'époque de Marc-Aurèle, cette tendance aurait reçu une application absolue (3).

L'Italie n'était point assujettie au payement de l'impôt foncier ; une partie seulement (*Italia annonaria*) (4) fournissait de prestations en nature. Ajoutons qu'en dehors même de l'Italie, l'exemption s'étendait aux cités qui jouissaient du *jus italicum*.

L'impôt foncier, dont on a, à tort, contesté l'existence, ainsi que l'établit M. de Savigny par des textes nombreux, avait pour base l'*estimation du capital* de la propriété foncière, non comme chez nous l'estimation du revenu (5). On le percevait des contri-

(1) Gaius, II, 21.

(2) Fragm. Vatic., § 61. Voir également §§ 259, 283, 285, 289.

(3) Peut-être cette opinion est-elle excessive en tant qu'elle considère comme disparue toute espèce de dîmes ou prestations de fruits. Car on trouve des traces de contributions de ce genre dans les Novelles même de Justinien. Voir Nov. XVII, cap. VIII, où il est parlé de contributions perçues *tam in speciebus quam in auro.*

Voir également Nov. CXXVIII, chap. I.

(4) Par opposition à l'*Italia Urbicaria*, qui comprenait Rome et le territoire environnant dans un rayon de 100 milles. L. 2, C. Th. *De in integr. restit.*

(5) Hyginus, p. 103, édit. Goes, après avoir parlé des provinces

buables à raison de l'étendue et de la qualité des terres que chacun possédait, et dont la valeur devait être déterminée par une déclaration contrôlée du propriétaire. Nous adoptons cette idée préférablement à celle d'un arpentage parcellaire (1). Le mode normal de recouvrement de l'impôt était la ferme, sous la république du moins, car le régime impérial introduisit des modifications sur ce point.

Les choses se passèrent ainsi jusqu'à Dioclétien. Par suite de la nouvelle division que ce prince fit alors de l'empire, l'Italie fut soumise au régime que subissait la province, mais, chose singulière, l'exception (au dire du moins de plusieurs auteurs) subsista pour les villes qui jouissaient du *jus italicum*.

L'impôt foncier chez les Romains avait-il le caractère d'impôt de répartition ou d'impôt de quotité; en d'autres termes, l'édit rendu chaque année par l'Empereur, *delegatio, indictio*, pour en fixer le montant, déterminait-il la quote-part à fournir par chaque unité territoriale, ou simplement une somme à répartir entre les diverses portions de l'empire ? Ce point est fort discuté. M. de Savigny penche pour le caractère d'impôt de répartition, ce qui, par suite même des difficultés pratiques, peut paraître contestable.

soumises à des prestations de fruits, ajoute : « Nunc multi pecuniam, et hoc per soli *æstimationem.* »

(1) Le système de l'arpentage parcellaire a présenté pour son organisation en France, des difficultés telles, qu'on n'en pourrait concevoir le renouvellement dans un temps aussi court que celui fixé pour les révolutions périodiques du cens chez les Romains. Il paraît du reste contraire au texte. Voir L. 4, C. *De censibus.*

Voici dans tous les cas les points sur lesquels on est généralement d'accord. La perception de l'impôt foncier avait lieu, nous l'avons dit, entre les contribuables, à raison de la valeur et de l'étendue des terres possédées par chacun ; l'unité territoriale qui servait de base à cette perception était le *jugum*. La valeur en est indiquée par une novelle de Majorien, de l'an 458, insérée au Code Théodosien ; elle montait à 1,000 solides (1). Quant à son étendue, on ne la détermine que par des conjectures. (2).

Pour arriver maintenant à se rendre un compte exact de la fortune de chacun, et des ressources qu'il était possible d'en tirer, on s'en rapportait à la déclaration du propriétaire, reçue par les *censitores*, et vérifiée par les *inspecteurs*. Cette déclaration se renouvelait à l'époque de chaque recensement, époque fixée d'abord à cinq, puis à dix, puis enfin à quinze ans. Ce laps de temps se nommait *le cycle des indictions*, l'*Indictio* étant l'année financière (3). Le cens une fois clos, toutes les opérations étaient reportées sur les *libri censuales* et soumises à l'approbation du préfet du prétoire.

Le travail des *censitores* était du reste contrôlé par des *péréquateurs* : les péréquations n'avaient lieu qu'à

(1) C. Th., liv. 6, Nov. I.

(2) On comprend difficilement, du reste, que le *jugum* pût être déterminé d'une façon certaine et invariable quant à son étendue et sa valeur : ce dernier élément étant, en effet, éminemment variable pour chaque fond, il est absolument impossible de fractionner la propriété foncière en un certain nombre d'unités de même valeur et de même étendue.

(3) L. 4, D. *De censibus.*

des époques déterminées, et notamment sur la demande des curies ou des provinces (1).

De plus, lorsque dans le territoire d'une ville ou d'une province, le nombre des champs abandonnés devenait tellement considérable que les terres cultivées étaient écrasées par le payement de l'impôt, on envoyait sur les lieux des *inspecteurs*.

Pour comprendre ce que nous venons de dire, il faut rappeler ici que, dans le but de se soustraire à l'acquittement des charges qui grevaient la propriété foncière, bon nombre de propriétaires ou disparaissaient au moment du cens, ou abandonnaient complétement leurs terres (2).

Dans le premier cas, comme les *censitores* n'auraient pu, en principe, arrêter le cens définitif de ces terres qu'en présence des propriétaires, l'empereur Théodose, pour déjouer la fraude, permit de procéder quand même.

Dans le second cas, lorsque le fonds était désert ou abandonné, on l'attribuait à quiconque consentait à en payer les contributions; s'il était impossible de le placer, on le considérait comme faisant partie des biens des municipes, et il était dès lors mis à la charge des membres des curies (3).

Toutefois si le fisc se montrait ingénieux à déjouer les fraudes des particuliers, ceux-ci ne l'étaient pas moins lorsqu'il s'agissait d'échapper par de nouvelles combinaisons à l'impôt. Les propriétaires pauvres

(1) L. 13. C. *De annon. et trib.* — L. 8. C. Th. *De annona.*
(2) C. *De omni agro deserto.*
(3) L. 1. C. eod. tit.

avaient, à cette fin, imaginé le moyen suivant. Ils vendaient aux riches toutes leurs terres fertiles, ne gardant que les fonds improductifs et incultes, et mettant de la sorte l'État en présence de débiteurs insolvables. Pour remédier à cet état de chose, les lois romaines, créèrent ce qu'on nomma, l'Ἐπιβολή ou *adjectio*; la mesure consistait à distribuer les terres pauvres entre les propriétaires de champs fertiles, à la charge par ces derniers d'acquitter les impôts dont ces terres étaient grevées. Cet abus fut adouci par quelques empereurs, notamment Honorius et Théodose. Mais sous Justinien on revint sur les concessions précédemment faites, et l'usage de l'*adjectio* ou Ἐπιβολή devint à peu près absolu (1).

Si nous cherchons maintenant à résumer les caractères de l'impôt foncier chez les Romains, nous trouvons les suivants : une contribution directe s'étendant spécialement au sol des provinces, ayant pour assiette le capital de la propriété foncière, et pour base, un véritable cadastre, c'est-à-dire un état détaillé des immeubles, dont la sincérité reposait d'une part sur la déclaration des particuliers, et de l'autre sur le contrôle de l'administration.

### Impôt personnel mobilier.

A côté de l'impôt foncier, *capitatio terrena*, nous

(1) L. 2, L. 10, *eod. tit.* L'existence même de cette Ἐπιβολή ou *adjectio*, me semble une preuve évidente, que le caractère de l'impôt foncier chez les Romains était bien celui d'un impôt de quotité. Si en effet la perception de cet impôt avait eu lieu au moyen d'un abonnement, d'une répartition entre les provinces et les cités, quelle eût été pour le fisc l'utilité de l'Ἐπιβολή ?

trouvons sous le nom de *capitatio* (1) *humana* ou *plebeia*, un impôt personnel-mobilier. Il consistait dans le payement d'une somme, nommée originairement *simplum*, dont le montant était acquitté par chaque homme en totalité, et par les femmes pour moitié, et ne frappait du reste que les personnes de condition inférieure ; étaient exemptes toutes celles du rang de décurion et au-dessus. Dioclétien et Constantin en exemptèrent même, par un motif politique, les plébéiens des villes qu'ils avaient intérêt à ménager, de sorte que la charge de l'impôt porta uniquement sur les colons. D'après M. de Savigny, quiconque payait l'impôt foncier, échappait à l'impôt personnel (2). C'est là une opinion controversée, non moins que de savoir si la *capitatio plebeia* constituait un impôt fixe et déterminé comme aujourd'hui notre contribution personnelle qui est d'une valeur de 3 journées de travail, ou un impôt variable, basé sur la valeur de la personne et des biens meubles du contribuable (3). Dans cette même hypothèse on a à se demander si l'impôt était de répartition ou de quotité. Serrigny soutient la première opinion.

(1) L. 4. C. *De capitat. civ.*

(2) M. de Savigny s'appuie sur la L. 4 C. *De agricolis et cens.* M. Serrigny explique ce texte dans un tout autre sens [Droit public et administratif romain, tome II, n° 748].

(3) Ce qui peut faire pencher pour cette dernière opinion, c'est que le propriétaire d'un esclave était tenu d'indiquer l'industrie et la profession de cet esclave. L. 4, § 5, D. *De censibus.* C'étaient donc là des éléments dont on avait à tenir compte, et qui devaient faire varier le chiffre de l'imposition.

## Impôt des patentes.

Une autre contribution qui pesait, sans distinction de caste, sur tous les habitants de l'empire était une sorte d'impôt des patentes, *lustralis conlatio*, nommé aussi *chrysargyrum*, acquitté par toute personne qui exerçait une profession mercantile (1). C'était un impôt de répartition (2). Il devint tellement odieux que l'empereur Anastase l'abolit en l'an 501.

## Impôts extraordinaires.

Outre les impôts ordinaires, *indictiones*, il y avait encore des impôts extraordinaires, *superindictiones*, ajoutés aux premiers, et correspondant à nos centimes additionnels (3); sauf le cas d'urgence, l'empereur seul pouvait les établir, comme il avait seul le droit d'établir les impôts ordinaires.

Quoiqu'on les ait confondus, il faut distinguer des *superindictiones*, les *extraordinaria*, impôts directs en nature, constituant de véritables réquisitions. Les causes en variaient à l'infini : les plus ordinaires étaient la guerre, l'approvisionnement de la maison impériale, des maisons de poste, etc. (4). Les gouverneurs, les magistrats des provinces eux-mêmes faisaient fréquemment des réquisitions, surtout à l'occasion de leurs voyages. Les constitutions s'efforcent

---

(1) L. 1. C. Th. *De lustrali conlatione.*

(2) L. 17, C. Th. *cod. tit.*

(3) L. 1. C. Th. *De superindict.*

(4) Voir C. Th. *De erogat. milit. annon.* Voir également L. 5. *De extraord.* et L. 6 *De annona* au même Code.

de restreindre le nombre des fonctionnaires qui y ont droit et les cas dans lesquels ils peuvent l'exercer (1).

Parmi ces *extraordinaria*, réquisitions extraordinaires, un certain nombre avaient un caractère plus vil, on les traitait de *sordides* : elles comprenaient principalement les corvées ou obligations de fournitures et matériaux pour l'exécution des travaux publics (2).

Tel était l'ensemble des impôts directs chez les Romains ; sauf le nom et les modifications de détail, nous retrouvons dans cette énumération, la plupart des contributions actuelles.

Au commencement de l'année financière (*indictio*) (3), un édit de l'empereur auquel on donnait le nom de *delegatio*, fixait pour les différentes parties de l'empire le montant de l'impôt ; cet édit, enregistré et affiché dans les diocèses indiquait ce que chaque province ou cité aurait à fournir, *pro unoquoque Jugo, aut villis, aut centuriis*. Du diocèse, ces dispositions spéciales étaient envoyées aux gouverneurs, et après un premier travail opéré par *les officiales*, transmis par eux aux cités (4).

Il n'y avait plus dès lors, dans chaque cité, qu'à s'occuper de la confection des rôles, de la répartition et de la perception de l'impôt.

(1) Nov. CXXVIII, chap. 22.

(2) L. 14-15-18. C. Th. *De extraord. et sord.*

(3) L'*Indictio* commençait au 1er sept. et finissait au 31 août de chaque année, ainsi que cela résulte de la nov. CXXVIII et de la L. 13. C. *De annonts.*

(4) Nov. CXXVIII.

La répartition était faite, entre les contribuables, par les principaux décurions (1).

## § 2. — Contributions indirectes.

En dehors des contributions directes, il existait une série d'impôts indirects et de droits de douane qui pesaient sur tout l'empire. Nous nous contenterons, pour ne pas allonger outre mesure cette matière, de citer les principaux.

1° *Impôt sur les successions*, *vicesima hœreditatum*, pesant sur les hérédités, les legs et donations à cause de mort, déduction faite des frais funéraires et probablement aussi des dettes et des affranchissements (2). On exceptait toutefois les successions laissées *proximis agnatis aut pauperibus*. Cet impôt était propre aux citoyens romains; ce fut même, dit-on, pour ce motif que l'empereur Antonin Caracalla accorda la *civitas* à tous les habitants de l'empire. Il porta en outre l'impôt au dixième; Macrin le ramena au taux précédent. A l'époque de Justinien la *vicesima hœreditatum* a disparu, et n'est plus mentionnée par lui que comme une contribution abolie (3).

2° *Impôt sur certaines ventes*, *venalitium*, *vectigal rerum venalium*. Il pesait à l'origine sur les ventes d'objets de consommation, celles qui se faisaient principalement dans les foires et les marchés (4). On

(1) L. 40 C. *De decurionibus.*
(2) L. 37 *De religiosis* D. et L. 69 *Ad leg. Falcid.*
(3) L. 3. C. *De edicto div. Adriani.*
(4) L. 1 . C. *De veteranis*, et L. 2 C. Th. *eod. tit.*

l'étendit dans la suite, et on l'appliqua même aux ventes d'esclaves.

3° Le 20° sur les *affranchissements*. Cet impôt, qui était une conséquence de l'acquisition par l'esclave affranchi du titre de citoyen romain, dut par là même disparaître le jour où cette qualité eût été octroyée à tous les hommes libres, habitants du monde romain.

4° *Impôts sur le sel et les mines*. L'impôt du sel date des premières années de la République. L'État louait à des fermiers adjudicataires l'exploitation des salines qui lui appartenaient, et d'autre part exigeait des propriétaires de salines privées qu'ils ne vendissent aucun de leurs produits sans l'agrément des agents du fisc ou des fermiers adjudicataires (1).

Quant aux mines, elles se divisaient de même en deux catégories : les unes publiques, les autres privées; dans ce dernier cas l'exploitation n'avait lieu que sauf redevance au trésor, et sans qu'il fût nécessaire, du reste, d'obtenir de concession. Sous l'empire, l'État s'empara fréquemment de ce genre de biens.

Il existait aussi dans l'empire romain des droits de douane et de péage (*portoria*) frappant les marchandises destinées au commerce, à leur entrée dans les ports, ou sur les ponts et chemins publics (2).

Le mot *vectigal* (*a vehendo*) est pris fréquemment pour désigner ces sortes d'impôts (3).

Enfin, certaines villes, en cas d'insuffisance de leurs

(1) L. 11 C. *De vectigalibus et commissis.*
(2) L. 21 *De donat. int. vir. et uxor.*
(3) Notamment C. Th. *De vectigal. et commissis.*

revenus, obtenaient de l'empereur l'autorisation d'établir des droits d'octroi. (1).

### § 3. — De la perception des impôts.

Le mode de recouvrement des impôts avait été originairement *la ferme*; sous les empereurs, cet état de choses fut modifié en partie. Tandis que *la ferme* restait le mode normal de recouvrement pour les contributions indirectes, ainsi que cela résulte de la législation relative aux mines, aux salines, aux douanes et d'une façon plus générale de la loi 4 au Code *De vectigal. et commiss.* (2); les contributions directes étaient, au contraire, perçues par des collecteurs, *susceptores*, nommés par les Décurions et pris ordinairement dans leurs rangs (3).

À partir de Dioclétien, et sous le Bas-Empire, un *rationalis* ou *præfectus thesauri*, sorte de trésorier payeur général, centralisait dans chaque province les fonds perçus par les collecteurs et payait les dépenses de l'État.

(1) L. 4, C. *Vectigalia institui non posse.*

(2) *De publicanis.* D. Voir également L. 4 C. *De vectig. et comm.*

(3) L. 30 et 32 C. Th. *De suscept.* et L. 4, C. *De canone largitionum titulorum.*

*Nota.* On se rappelle que les décurions étaient déjà chargés de dresser les rôles et de faire la répartition des impôts. L'idée de mettre ainsi aux mains des contribuables le soin des intérêts privés, aurait pu être féconde en heureux résultats; mais, comme le fait remarquer M. Odilon Barrot : « Il suffit aux empereurs romains de » rendre les décurions solidairement responsables de l'impôt, pour » convertir un instrument de liberté en un puissant instrument de » ruine et d'esclavage. » (Odilon Barrot, *De la centralisation et de ses effets.*)

Ces fonctionnaires relevaient hiérarchiquement du *comes sacrarum largitionum*, ministre du trésor, placé à la tête de l'ancien *ærarium*, tandis que l'administration du domaine du prince appartenait au *comes rerum privatarum*, auquel correspondait également dans chaque province un *rationalis* ou *procurator rei privatæ*. Bien que sous l'empire le *fiscus* et l'*ærarium* eussent été confondus, ils n'en conservaient donc pas moins une organisation séparée.

Nous n'entrerons pas dans l'examen des poursuites dirigées contre les contribuables; rappelons seulement que le fisc avait pour la rentrée des impôts une hypothèque tacite privilégiée (1). Cette hypothèque suivait les biens entre les mains des tiers détenteurs, et il était même défendu d'insérer dans les actes translatifs de propriété aucune clause ayant pour objet de soustraire l'acquéreur au payement des impôts arriérés (2).

A côté de la perception et de la gestion des deniers de l'Etat, nous trouvons un contrôle. C'est le préfet du prétoire qui l'exerce au sommet en qualité de contrôleur général des finances. Il avait, à cet effet, comme auxiliaires, des *tabularii* (3), placés dans les provinces auprès des gouverneurs et chargés de dresser un

(1) L. 2 C. *Si propter pensitat. publ.* « Potior est enim causa » tributorum, quibus priore loco omnia bona cessantis obligata » sunt. »

(2) C. J. et C. Th. *sine censu vel reliquis fundum comparari non posse.*

(3) L. 13, C. *De susceptor.* Voir également L. 4, § 6 D. *De extraord. cognition.*

compte exact des sommes recouvrées en les comparant aux rôles. Ces états étaient transmis au préfet du prétoire qui, à l'aide des assignations annuellement adressées par lui aux gouverneurs, s'assurait si dans chaque province les recettes cadraient avec le montant des impôts qui lui avaient été assignés (1).

### § 4. — *Du contentieux en matière financière.*

Quant au contentieux, il était réparti entre plusieurs mains. Les réclamations individuelles, pour l'impôt foncier notamment, avaient d'abord lieu par voie purement administrative devant les *censitores* (2). Mais le recours contre l'assiette de l'impôt était porté aux *judices* et en dernier ressort au préfet du prétoire.

Les réclamations collectives intéressant les provinces ou les cités étaient adressées à l'empereur, qui jugeait, sur l'avis du préfet du prétoire, après avoir envoyé au préalable sur les lieux un *péréquateur* ou *inspecteur* (3). Les gouverneurs n'étaient pas seuls compétents en matière financière. Nous trouvons, en effet, dans des textes nombreux du Code des *procuratores* (autrefois *quæstores*) chargés dans la province de l'administration financière et qui avaient juridiction pour les causes intéressant le fisc (4). Les *rationales* ou *præfecti thesauri* étaient également compétents en certains

(1) L. ult. C. eod. tit.
(2) L. 4, § 1, D. *De censibus.* — L. 2 C. *De alluvionibus.*
(3) L. ult. C. *De annon. et tribut.*
(4) Voir notamment LL. 1, 2, 4, 5, *Ubi causæ fiscales.*

cas, sauf recours au *comes S. L.* ou au *comes R.
P.* (1).

## SECTION III.

### DU SERVICE MILITAIRE.

En continuant de tracer le tableau des charges qui pesaient sur les provinces, nous arrivons à la plus lourde de toutes peut-être, le service militaire.

L'armée, sous l'empire, se recrutait comme de nos jours, de deux façons, par des engagements volontaires et des appels forcés. La charge était ou personnelle ou réelle.

*Personnelle*, elle s'adressait à certaines classes, qui devaient pour leur propre compte le service militaire. Ainsi en était-il des fils de vétérans (2).

*Réelle*, elle portait sur tous les habitants de l'empire, à raison, soit des biens qu'ils possédaient, soit de leur condition sociale, condition qui faisait présumer des facultés imposables suffisantes. Étaient notamment dans ce cas les sénateurs, chefs de curies (*principales*), les décurions, les *officiales* des gouverneurs, etc. (3).

Les uns et les autres devaient fournir des recrues, *tirones*; les premiers seulement le faisaient *pro viribus patrimoniorum*, et si quelques-uns d'entre eux ne réunissaient point la fortune suffisante pour pou-

(1) LL. 28, 39, 40, 41, 48, 49 C. Th. *De appell.*
(2) L. 17 C. Th. *De tironibus.*
(3) L. 7 et L. 20 C. Th. *De senatoribus.*

pour équiper une recrue, ils s'associaient à d'autres, de sorte que la charge d'un seul incombait à plusieurs (1). C'est là du reste un principe que nous retrouvons appliqué dans les mêmes matières à l'époque du moyen âge.

Il arrivait fréquemment qu'au lieu d'hommes, les empereurs demandaient de l'argent, *aurum tironicum* ; de semblables mesures se justifiaient souvent par ce fait que dans certaines provinces, moins que dans d'autres, les hommes se montraient aptes au service militaire ; elles avaient bien plus souvent encore pour but de subvenir aux besoins du trésor (2).

La conversion n'était pas toujours forcée ; certaines personnes, les sénateurs notamment, pouvaient se rédimer de l'obligation de fournir des conscrits en payant une somme déterminée (3). C'était là le système d'exonération pratiqué par la loi du 26 avril 1855.

Le caractère du recensement, chez les Romains, en faisant un impôt réel, et la charge du service militaire se convertissant fréquemment en or, il y avait lieu de procéder d'après les bases légales, à la confection de l'assiette et à la répartition de l'impôt entre les contribuables. D'après M. Serrigny, le fait même de cette répartition était ce qu'on entendait par le mot *protostasia* (4).

Outre la conscription, de nombreuses charges

(1) L. 14 C. Th. *De extraord. et sord.* et L. 7 *De tironibus.*
(2) L. unic. C. Th. *Qui a præbendis tironibus.*
(3) L. 7 et L. 13 C. Th. *De tironibus.*
(4) *Droit public et administr. rom.* tome I, n° 355.

pesaient encore dans le même ordre d'idées sur les habitants des provinces. Elles se résumaient dans le mot : *annona* (1), et comprenaient les fournitures à faire aux armées en vivres (2), fourrages (3), chevaux (4) et vêtements (5).

Ces différentes fournitures étaient perçues des colons par voie de réquisitions en nature, quelquefois en argent (6), d'après un tarif fixé par la loi.

La répartition en était faite entre eux, comme nous le voyons notamment, pour les habillements militaires, dans la loi 2 C. *De militari vesto*, proportionnellement au nombre de *juga* ou *capita* que chacun possédait. Les objets compris dans l'*annone* étaient déposés dans des magasins publics, non loin des stations militaires, et transportés dans les camps par les provinciaux les plus rapprochés, ce qui constituait pour eux une nouvelle charge (7).

Le service de l'*annone* constituait une des branches de l'administration générale confiée au préfet du prétoire. Dans chaque province, le soin de faire rentrer les différentes prestations appartenait au gouverneur et à ses employés ; la comptabilité et la manutention en étaient confiées à un officier spécial, le *primipilaris* (8).

(1) L. 4 C. *De erogatione militaris annonæ*.
(2) LL. 15, 21, 26, C. Th. *De erogat milit. annon.*
(3) L. 9 et L. 23 C. Th. *eod. tit.*
(4) L. unic. C. Th. *De oblat equor.*
(5) L. 3 C. Th. *De militar veste.* — L. 2 C. *eod tit.*
(6) L. 2 C. *De militar. veste... Aurum comparatitium...*
(7) LL. 21 et 22 C. Th. *De annona et tributis.*
(8) [*Nota.* Le *primipilaris* ou *primipilus* étant un agent comptable du trésor ; ses biens se trouvaient grevés au profit du fisc d'une

D'autres agents s'occupaient de dresser le compte exact des troupes, de la quantité de vivres ou autres fournitures qui leur étaient nécessaires, enfin de la distribution.

Si nous ajoutons que les habitants des provinces étaient encore tenus de fournir des logements aux troupes, obligation nommée *metatum* (1), nous aurons terminé l'examen des charges que le service militaire faisait peser sur eux, et qui rentraient en principe dans ce que nous avons appelé *extraordinaria munera.*

hypothèque tacite que nous voyons mentionnée dans plusieurs textes du Digeste : *Fiscus semper habet jus pignoris*, dit notamment Hermogénien (L. 46, § 3 D. *De jure fisci*). Cette hypothèque était générale et comprenait par conséquent, si le comptable était marié, les biens dotaux comme les autres ; elle primait le *privilegium inter personales actiones* dont jouissait la femme avant Justinien pour la restitution de sa dot. La constitution des empereurs Carus, Carinus et Numerianus qui forme la Loi 3 C. *In quib. caus. pign.*, n'est qu'une application de ces principes. Nous y voyons toutefois que la femme jouissait en pareil cas d'un certain *bénéfice de discussion*. L'hypothèque du fisc n'était pas privilégiée, c'est à tort qu'on a voulu le conclure de la L. 3 C. *De primipilo*, ainsi conçue : « *Utilitas publica præferenda est privatorum contractibus ; et ideo, si constiterit fisco satisfactum esse ob causam primipili, poteris obligatam tibi possessionem dotis titulo petere, ut satis doti fieri possit.* »

On peut plutôt admettre avec M. Demangeat « que dans l'espèce le fisc était *prior tempore*, et que la femme sollicitait comme faveur qu'il lui fût permis de se payer de sa dot sur le bien grevé à son profit d'une hypothèque spéciale. A quoi les empereurs répondent : Le fisc ne peut ainsi dans votre intérêt renoncer à son droit : *Utilitas publica præferenda est privatorum contractibus.* » V. Demangeat, *De la condition du fonds dotal en droit romain*, p. 186.]

(2) *De metatis* C.

# SECTION IV

## DES TRAVAUX PUBLICS.

Rien ne nous donne peut-être une plus grande idée de la puissance et de la civilisation du peuple romain que les vestiges de ces immenses travaux entrepris par lui, et dont nous admirons encore, après tant de siècles écoulés, les vastes et magnifiques proportions. Et cependant, si on en vient à se demander comment, et à l'aide de quelles ressources s'effectuaient de pareilles entreprises, c'est la loi elle-même, ce sont les constitutions qui nous montrent par combien de corvées, de charges, d'exactions de tout genre, les grands travaux de cette époque ont pu être exécutés.

Sous l'empire, les travaux publics se faisaient tantôt aux frais de l'État, tantôt aux frais des cités et des habitants des provinces.

Nous voyons dans la L. 11 C. *De oper. publ.*, que les villes consacraient aux leurs le tiers de leurs revenus ; si ces ressources ne suffisaient pas, on avait recours à d'autres moyens (1) ; enfin les villes de second ordre pouvaient même être contraintes de venir en aide aux cités plus importantes (2).

D'autres fois, les dépenses des travaux publics étaient supportées par les provinciaux. C'est ce que nous voyons notamment pour la confection et l'en-

(1) L. 2 C. Th. *De oper. publ.*
(2) LL. 18 et 26 C. Th. *eod tit.*

tretien des routes et des ponts (1), des étables et écuries nécessaires au service des postes (2). En pareil cas, la contribution se levait soit en argent, soit en nature (3). C'était, comme pour l'impôt foncier, une charge réelle, dont la répartition s'opérait entre les contribuables à raison du nombre de *juga* que chacun possédait (4). Malgré les termes généraux de la loi, il y avait bien quelques immunités, pour les sénateurs par exemple, et les vétérans.

A ce que nous venons de dire, il faut ajouter, pour compléter l'exposition des charges qui pesaient sur les habitants des provinces à l'occasion des travaux publics, les *corvées et services personnels*, dont nous avons parlé déjà en traitant des *sordida munera*, et qui se résumaient presque tous dans l'obligation de contribuer à la construction ou réparation de ce que nous appellerions aujourd'hui le domaine public (5). Les exceptions et les immunités étaient nombreuses

(1) L. 2 C. *De immunit. nemin. conced.*

(2) L. 7 C. *De curs. publ.* [Cette loi donne pour motif de la mesure dont nous avons parlé, que les travaux étaient ainsi *mieux et plus promptement* exécutés. Elle y trouve même un bénéfice pour les particuliers.

(3) L. 17 C. Th. *De oper. publ.* « Sano si quid reparationi alicujus operis postulandum erit, non in pecunia, sed in istis speciebus postulari tu par est. » C'est à l'occasion de ces prestations en nature que Cassiodore s'écrie dans son enthousiasme : « Quid est gratius, quam videre publicum decus ubi omnium utilitas in generalitate concluditur? » (*Variæ Cassiodore*, I, 28.)

(4) L. 12 C. *De oper publ.* « Oportet per singula juga certa distribui. »

(5) L. 15 et 18 C. Th. *De extraord. et sord.*

en ces matières, comme on peut s'en convaincre par la lecture de la L. 12 C. *De excusatione munerum.*

Le droit d'ordonner les grands travaux publics n'appartenait qu'à l'empereur (1). Ils ne pouvaient être entrepris, ni en vertu de l'initiative privée, ni de l'autorité seule des gouverneurs (2). La règle, du reste, ne s'étendait pas aux travaux déjà commencés ou aux réparations (3). Et même, quant aux nouvelles entreprises, fallait-il probablement distinguer celles qui entraînaient une dépense pour l'État de celles qui n'impliquaient pas son concours (4). On peut ainsi concilier le *præmium* et le § 1 de la loi 3 D. *De oper. publ.*

Le préfet de la ville à Constantinople et à Rome, les gouverneurs dans les provinces, étaient chargés de veiller à l'exécution des travaux (5). Ces derniers étaient de plus juges des contestations qui s'élevaient entre l'entrepreneur et l'État (6).

Si aux détails que nous venons de donner, et aux textes cités à l'appui, nous ajoutons que *l'expropriation pour cause d'utilité publique* existait probablement déjà à cette époque (7), nous comprendrons comment

(1) L. 19 C. *De oper. publ.*
(2) L. 13, C. *De oper. publ.*
(3) L. 8, C. *eod. tit.*
(4) LL. 27, 28, 31 C. Th. *De oper. publ.*
(5) L. 7, C. *De oper. publ.* [Remarquons en passant que le mot *judex* est constamment employé dans ce titre pour celui de gouverneur.]
(6) L. 2, § 1, D. *De oper. publ.*
(7) L. 9 C. *De oper. publ.* [L'existence de l'expropriation chez les Romains me paraît résulter évidemment de cette loi, où il est dit

les Romains, appuyés sur le concours obligatoire des particuliers, ayant à leur disposition et gratuitement la main-d'œuvre et la matière première, allant chercher jusque dans les condamnations criminelles, des ouvriers pour l'exécution de leurs travaux (1), ont pu réaliser ces entreprises dont la grandeur et la durée, triomphant tout à la fois des efforts de l'homme et des ravages du temps, conservent à travers les siècles la mémoire de leur puissance et de leur génie.

## SECTION V.

### DE DIVERSES GARANTIES ACCORDÉES AUX HABITANTS DES PROVINCES CONTRE LES ABUS DES GOUVERNEURS.

On a pu voir par ce qui a été dit précédemment combien grande était dans les provinces l'autorité des gouverneurs. A la fois juges et administrateurs, investis de la double puissance civile et militaire, ils réunissaient dans leurs mains les attributions aujourd'hui divisées entre les différentes branches de nos administrations. Un tel pouvoir devait offrir de graves inconvénients, et exigeait des garanties. On en avait donc établi un certain nombre.

Tout d'abord, en entrant en fonctions, le gouverneur affirmait par serment, devant l'empereur ou le

en termes formels qu'en cas d'exécution de travaux publics, l'autorisation du gouverneur suffit pour permettre la démolition des maisons et édifices d'une valeur inférieure à 50 fr., qu'au delà il faut recourir à l'autorité de l'empereur.]

(1) L. 34 D. *De pœnis.*

préfet du prétoire, qu'il n'avait usé d'aucun moyen, d'aucune promesse, d'aucune offre, pour gagner les suffrages et se faire décerner son titre (1). La charge n'était donc point vénale, on craignait de voir se réaliser la parole de l'empereur Alexandre : « *Necesse est ut qui emit vendat.* »

Cette prohibition était suivie de plusieurs autres.

Ainsi les gouverneurs ne pouvaient, non plus que leur fils (à moins toutefois que les fiançailles n'eussent précédé la nomination), épouser une femme originaire de leur province (2); le mariage eût été nul. Cependant si, à l'expiration du mandat (*post depositum officium*), la femme persévérait dans le consentement donné, l'union se trouvait par là même validée, du moins quant à l'avenir (3).

La prohibition dont nous venons de parler s'étendait même aux fiançailles, en ce sens du moins qu'elles n'étaient pas obligatoires (4).

Il ne faudrait pas croire que la crainte de voir les *judices* abuser de leur pouvoir pour forcer la main à leurs administrés fût le seul motif de ces prohibitions. On craignait non moins qu'ils ne s'attachassent trop à leur province et oubliassent les intérêts de l'État.

Aussi était-ce également par l'un et l'autre de ces deux motifs qu'on leur interdisait d'acheter des biens dans la province (5) soit par eux-mêmes, soit par per-

(1) Nov. VIII, cap. 7.
(2) L. 38 princ. D. *De ritu nuptiarum.*
(3) L. 6 C. *De nuptiis.*
(4) L. 38 D. *De ritu nupt.*
(5) L. 62, D. *De contract. empt.* [En cas d'infraction à cette règle

sonnes interposées, et encore de rien recevoir à titre gratuit, contrairement à la loi Julia *repetundarum* dont le but était, comme chacun sait, d'empêcher les concussions (1). La loi prohibait l'usucapion des choses ainsi acquises ; seuls les fruits perçus par l'acquéreur de bonne foi devenaient sa propriété (2).

Une dernière prohibition était relative au commerce et au prêt à intérêt (3).

Pour répondre aux réclamations et aux poursuites que pouvait entraîner leur administration, les gouverneurs étaient tenus de rester dans la province durant cinquante jours, à dater de l'expiration de leur mandat (4). Quelques-uns d'entre eux ne se sentant pas la conscience assez tranquille pour subir un pareil examen, ayant, comme le suppose le texte cité plus haut, probablement vendu la justice à prix d'or, prenaient la fuite. Ils étaient poursuivis, ramenés en présence de leurs administrés, et si on les convainquait de dol ou de concussion, frappés de peines sévères. Si on considère cependant l'état de la société à cette époque, on peut croire que beaucoup d'entre eux ne subirent d'autres châtiments que ceux de la justice céleste dont la Novelle précitée menace, comme en désespoir de cause, les violateurs de la foi jurée.

le contrat restait sans effet, et le prix était confisqué au profit du trésor public. V. L. 42, § 6, D. *De jure fisci.*]

(1) L. 4 et L. 8 pr. *De leg. jud. repetund.* Voir également L. 1, § 2, au C. Th. *De contract. jud.*

(2) L. 48, pr. D. *De adquir. rer. domin.*

(3) L. 33 D. *De reb. credit.* — L. 3 C. *Si certum petatur.*

(4) Nov. VIII, cap. IX.

# ANCIEN DROIT

## ADMINISTRATION DES PROVINCES

### DANS L'ANCIENNE FRANCE.

## CHAPITRE PREMIER

**Historique de cette administration.**

L'organisation administrative donnée par Rome aux provinces devait nécessairement partager les destinées politiques de l'empire; en même temps que les derniers vestiges de la puissance romaine, elle succomba dans les Gaules sous les coups de l'invasion barbare.

Il n'entre pas dans le plan que nous nous sommes tracé, de rechercher si ces institutions ne conservèrent point un reste d'existence dans le système municipal des villes du midi de la France, jusqu'au jour où se produisit ce grand réveil des *libertés locales*, qu'on a nommé l'affranchissement des communes. Nous devons nous borner à l'étude de la province et nous demander ce qu'elle devint à l'époque gallo-franque.

A cette époque, c'est-à-dire dès les premiers âges de la monarchie, nous voyons le territoire divisé en *comtés, centuries* et *centenes*, divisions purement administratives auxquelles correspondent des magistrats du nom de *comtes*, *vicomtes* (vicaires du comte), *centeniers.*

« Chacun de ces officiers tenait une cour ou assemblée, » *mallum*, où se rendait la justice et où toutes les af- » faires qui intéressaient le district étaient mises en » délibération. C'était là également que se traitaient » la plupart des transactions civiles et que se faisaient » les convocations militaires (1). »

Le *comte* était le premier de ces magistrats. Les fonctions qu'il remplissait à l'intérieur appartenaient sur les frontières à des *ducs* ou *marquis*, chefs militaires plus spécialement chargés de veiller à la défense du territoire.

Ces différentes qualifications de *comtes*, *ducs*, *marquis*, etc., n'avaient point encore la signification qu'elles prirent plus tard. C'étaient à l'origine de simples officiers royaux, révocables à volonté, appelés plutôt à convoquer et présider les assemblées populaires qu'à juger (comme ils le firent plus tard) et décider des affaires. Nul n'ignore comment Charlemagne, par l'institution des *missi dominici*, sut organiser à leur endroit un merveilleux système d'inspection et de contrôle. Bientôt après, du reste, ces mêmes officiers obtenaient l'hérédité de leurs charges et créaient le régime féodal.

Mais, avant d'aborder cette époque, nous avons à parler d'un autre fait, l'institution des *bénéfices* ou *fiefs*, qui, non moins que *l'hérédité des offices*, contribua à donner naissance à la féodalité.

_________

(1) Guizot, *Essais sur l'histoire de France*, p. 191.

Ce n'est point ici qu'il nous sera nécessaire de rappeler le tableau tracé par l'historien Tacite des mœurs des Germains, de l'autorité du chef, du dévouement de ses compagnons, succombant avec lui dans la défaite, attendant de sa libéralité, s'il est vainqueur, « un « cheval de bataille ou une framée sanglante (1). »

Montesquieu voit dans ces présents, dans ces compagnons, les *vassaux* et les *fiefs* (2); c'est là du moins leur origine.

Lors en effet que les Francs eurent envahi la Gaule, cédant à un besoin de repos qu'ils n'avaient point connu jusqu'à ce jour, ils songèrent à y fixer leur demeure. Les chefs s'approprièrent certaines portions du territoire.

« Ils en firent, ainsi que le remarque M. Guizot, ce
» qu'ils avaient fait en Germanie de leurs armes, de
» leurs chevaux, de leurs banquets. Le besoin et le
» goût de la propriété foncière devenaient communs
» à tous les hommes libres. Des terres devinrent les
» présents, par où les rois et les hommes puissants
» s'appliquèrent à retenir leurs compagnons ou en
» acquérir de nouveaux. Ces présents reçurent le nom
» de *bénéfices* (3). »

Bien que ces bénéfices ne fussent, à l'origine du moins, que des concessions essentiellement révocables, comme l'attestent tous les documents de cette époque, il s'établit dès lors, entre le donateur et le donataire, des obligations réciproques de protection

(1) Tacite, *De moribus Germanorum*, cap. XIV.
(2) *Esprit des lois*, livre XXX, chap. III et IV.
(3) *Essais sur l'histoire de France*, p. 95.

d'une part, de dévouement et de fidélité de l'autre, obligations résultant de la constitution même de la propriété, et établissant entre les possesseurs de terres, toute une hiérarchie sociale qui devait plus tard devenir la féodalité.

Cependant le pouvoir royal, miné à l'intérieur par les attaques des grands, menacé au dehors par les irruptions des barbares, s'affaiblissait de jour en jour dans les mains des derniers Carlovingiens.

« Charlemagne avait tenté de se faire le souverain
» d'un grand peuple et d'un grand empire ; l'état du
» pays se refusait à cette entreprise, et nul de ses
» successeurs ne fut capable d'y songer. Sous son
» règne, le gouvernement et le peuple allèrent se
» démembrant, se dissolvant de plus en plus. Bien-
» tôt il n'y eut plus ni roi, ni nation. Chaque pro-
» priétaire libre et fort se fit souverain dans ses do-
» maines. Chaque comte, chaque marquis, chaque
» duc, dans le district où il avait représenté le sou-
» verain (1). »

Le double fait constaté par le savant historien que nous venons de citer, finit par recevoir sa consécration de l'autorité royale elle-même. En 877 Charles le Chauve reconnaissait tout à la fois et *l'hérédité des bénéfices*, en autorisant ses fidèles à en disposer après leur mort comme il leur conviendrait, et *l'hérédité des offices*. Ce fut ainsi qu'à côté du fief s'établit la justice féodale. Bien qu'ayant une origine distincte, l'un et l'autre se trouvèrent généralement réunis dans les

(1) *Essais sur l'histoire de France*, p. 63.

mêmes mains, par ce fait que les officiers royaux étaient, pour la plupart, propriétaires eux-mêmes de vastes bénéfices. Ce qui s'était passé entre le roi et ses grands officiers eut sa répétition entre tous les feudataires et leurs vassaux; et, ainsi que le fait encore remarquer M. Guizot, « à la fin du dixième siècle il » n'y eut plus ni citoyens, ni sujets; tout était sei- » gneur, vassal, ou serf, tout était gouverné par les » lois de la féodalité. »

Ce fut ainsi que la France se trouva divisée en un certain nombre de grands fiefs : les duchés de France, de Normandie, de Bourgogne, d'Aquitaine, les comtés de Flandre, de Champagne et de Toulouse. Chacun de ces petits États avait son chef, duc ou comte, investi d'un pouvoir absolu, sa cour, son administration, ses intérêts à part. Dans tous aussi se retrouvent des assemblées composées des hauts barons, des grands dignitaires du clergé, et dans les dernières années du quatorzième siècle des représentants de la bourgeoisie, où se discutent les intérêts du pays. Ce sont là ces *États provinciaux*, dont nous suivrons les traces jusque dans les dernières années de la royauté.

A l'image du domaine royal, les grands fiefs se divisaient, au point de vue administratif, en *sénéchaussées, bailliages* et *prévôtés*. Le baillif était une création de Philippe-Auguste. Placé sous l'autorité du sénéchal, il avait pour mission de surveiller les prévôts dans l'exercice de leurs fonctions; comme les *missi dominici* dont ils rappellent l'institution, ils parcouraient leur bailliage, recevant les plaintes des particuliers, tenant des assises où on appelait des sentences prévôtales. Leur autorité s'étendait même sur les domaines des grands feudataires, et leur droit de surveillance à la personne de ces derniers qu'ils étaient appelés à contrôler dans l'exercice de leurs priviléges et de leurs devoirs féodaux.

Ce fut là la première immixtion de la royauté dans le gouvernement des fiefs, et un des épisodes de la lutte qu'elle engagea contre les grands vassaux, du jour même de l'établissement de la féodalité, jusqu'à son abaissement définitif par Richelieu.

Au fur et à mesure cependant que les grands fiefs venaient se rattacher à la couronne, la royauté se trouvait en présence de ces États provinciaux dont nous avons parlé plus haut. C'était la seule représentation du pays, ce pouvait être un obstacle à l'exercice du pouvoir absolu. Aussi, tout en paraissant respecter d'anciens usages, les rois de France s'occupèrent-ils dès lors de modifier la nature de ces assemblées, en les convertissant en de simples conseils d'administration. A partir du XV° siècle, nous voyons qu'ils ne votent plus guère que des subsides locaux. On ne s'arrêta pas là; à l'époque de la création des intendants, un certain nombre de provinces perdirent leurs États, on les nomma *pays d'élection*; d'autres les conservèrent et prirent la dénomination de *pays d'État*; ce furent : le Languedoc, la Bretagne, la Bourgogne, la Provence, l'Artois, le Hainaut, le Cambrésis, le comté de Pau, le Dauphiné.

Dans la plupart de ces provinces même, les États ne furent plus que les auxiliaires de l'administration royale, la véritable puissance était passée aux mains des intendants, création toute moderne, née d'une idée politique, dans laquelle se personnifia l'administration provinciale, telle que nous allons bientôt l'étudier.

# CHAPITRE II

### Division administrative de la France en 1789.

La France, à l'époque où éclata la révolution, se divisait, au point de vue administratif, en *généralités* ou *intendances :* cette division n'était pas fort ancienne. Les généralités avaient en effet succédé aux *gouvernements*, autres circonscriptions territoriales dont nous retrouvons encore le nom en 1789, mais avec une signification toute différente de celle qui lui avait été assignée à l'origine. Quelques lignes suffiront à expliquer cette transformation.

*Des gouvernements.* Les gouvernements rappelaient la plus ancienne division de la France. Par leurs limites, ils se rattachaient aux grands fiefs du moyen âge, auxquels ils correspondaient pour la plupart, et remontaient ainsi à la création même des offices royaux, *duchés, comtés,* etc., c'est-à-dire aux premiers siècles de la monarchie. Comme institution administrative, ils dataient de la fin du XV° siècle. A cette époque, Louis XII créa dans chaque province, dès lors nommée *gouvernement,* un gouverneur chargé de la direction des forces militaires. En 1545, François I° ramena leur nombre à 12, et chercha à mettre quelque uniformité dans leurs pouvoirs, dont l'étendue variait auparavant, suivant les lettres d'investiture. L'histoire nous apprend combien l'autorité des gouverneurs s'accrut, leurs luttes avec la royauté, leur abaissement définitif sous le ministère de Richelieu ; l'extension considérable donnée à cette époque au pouvoir des intendants leur porta un coup mortel. Dans le dernier état des choses, leurs fonctions se bornaient à transmettre les ordres du roi aux officiers chargés de l'administration et du service militaire, à convoquer et présider les États des provinces, à prévenir et réprimer les séditions. Quelques priviléges, comme le droit d'avoir une compagnie de gardes, étaient la marque de leur autorité qu'ils exerçaient en vertu d'une commission du roi.

En 1789, on comptait en France 32 grands gouvernements et 8 petits : dans ce nombre les 12 plus anciens conservaient une importance particulière.

*Des généralités ou intendances.* La division de la France en généralités ou intendances a une origine toute fiscale, elle date de Henri III. Ce prince ayant partagé le royaume en un certain nombre de circonscriptions, établit dans chacune d'elles un bureau composé de 2 trésoriers et 2 receveurs généraux, les premiers chargés de l'administration des biens et revenus publics, les seconds de la rentrée des impôts.

En 1577, il y avait déjà 10 de ces circonscriptions entièrement organisées. On leur donna le nom de *généralités*, à raison même du titre de *général* que prenaient les trésoriers ou receveurs, de même qu'on appela *élections* les subdivisions des généralités, du nom d'*élus*, que portaient les *officiers royaux* chargés en sous-ordre de la répartition de l'impôt.

Quand Richelieu, cependant, entreprit d'enlever aux chefs de *gouvernements* la plus grande partie de lour puissance, il envoya dans les provinces des agents revêtus d'un caractère purement civil, choisis parmi les maîtres des requêtes du conseil du roi, et pourvus du titre d'*intendants de justice et de police*. Attaqué par les parlements, renversé un moment par la Fronde, l'intendant dont le pouvoir s'était accru d'une partie des fonctions primitivement confiées aux receveurs généraux étant néanmoins devenu le premier magistrat civil de la généralité, lui donna jusqu'à son nom, et pour désigner les circonscriptions administratives de la province, on employa indifféremment le mot de généralité ou celui d'intendance.

Cependant, dans le langage officiel, la première de ces deux dénominations resta plus particulièrement propre aux pays dits *pays d'élection*, parce que c'étaient les seuls dans lesquels on trouva des élus, et que ces fonctionnaires constituaient, comme nous l'avons vu à l'origine, un des rouages essentiels de la généralité. On appelait au contraire indifféremment généralités ou intendances les grandes divisions des *pays d'état*, et intendances seulement celles des provinces qui avaient été le plus récemment réunies à la couronne.

Intendances ou généralités comprenaient au reste de nombreuses subdivisions.

C'étaient pour les pays d'élection, l'élection proprement dite, le gouvernement, la ville abonnée, parfois même un petit pays d'état.

Pour les pays d'état, des diocèses, vigueries, bailliages, élections, siéges présidiaux, prévôtés royales

et bailliagères, gouvernances, gouvernements, juridictions, etc.

En 1789, on comptait ainsi en France, dans les
pays d'élection : 21 généralités, et en dehors des gouvernements et des villes abonnées, 171 élections et
5 petits pays d'état.

Dans les pays d'état : 14 intendances, 32 diocèses,
25 vigueries, 6 élections, 12 subdélégations, 1 gou-
vernance, 0 gouvernements, 1 duché, 2 châtellenies,
1 comté, 106 bailliages, 5 prévôtés royales et bailliagères, 3 prévôtés royales ; enfin en Alsace, 30 districts sans dénomination spéciale.

Au milieu de cette variété de noms, dont plusieurs
se rattachaient à l'organisation judiciaire, de cet en-
chevêtrement de circonscriptions auquel répondait
dans l'ancienne France une diversité non moins
grande de règles et d'autorités, un pouvoir unique
s'était formé, qui peu à peu domina tous les autres,
celui de l'intendant.

De même qu'au sommet de la hiérarchie administrative était placé le *conseil du roi*, au sein duquel se
trouvaient réunis tous les pouvoirs ; qu'on voit tour
à tour cour de cassation en matière civile, investi en
dernier ressort du contentieux administratif, chargé
de proposer et discuter les lois, de fixer et répartir les
impôts, donnant en un mot l'impulsion à toutes les
branches de l'administration, et disposant en fait de
tous les intérêts du pays, bien qu'il n'agisse jamais
que par voie de proposition et sous réserve de l'approbation royale, de même, dans les provinces, au-dessus

de ces différentes institutions, anciennes ou nouvelles, créations de la monarchie ou derniers vestiges de la liberté provinciale, un seul pouvoir, celui de l'intendant, dirigeait en réalité tous les rouages du gouvernement.

C'est donc dans l'étude de ce pouvoir que nous allons rechercher l'organisation administrative de la province avant 1789. Nous aurons bien des fois, durant le cours de ce travail, l'occasion de remarqeur comment, sous des noms nouveaux, nous n'uvons rien inventé que n'aient connu nos pères ; nous verrons surtout comment la *centralisation* s'exerçait à cette époque, de quels maux elle a été la source, et si ce n'a pas été une des fautes de la révolution que de l'avoir conservée telle que la lui avait transmise l'ancien régime.

# CHAPITRE III

## Des Intendants.

—

### SECTION I<sup>re</sup>

#### COMMENT ILS ÉTAIENT CHOISIS ET NOMMÉS.

La plupart des charges ou fonctions, dans l'ancienne France, s'exerçaient par droit de naissance, d'élection, ou d'offices achetés. Cette dernière cause était la plus fréquente; si elle assurait l'indépendance du magistrat, elle n'offrait aucune garantie de sa capacité, et a pu justifier les nombreuses critiques soulevées par *la vénalité des offices.*

Ce n'était point ainsi cependant que prenait naissance le pouvoir des intendants. Choisis le plus souvent à l'ancienneté, parmi les maîtres des requêtes du conseil du roi, essentiellement révocables, dépendant des ministres avec lesquels ils correspondaient, ils étaient nommés en vertu d'une commission royale, contre-signée pour la plupart, en 1787, par le contrôleur général des finances, et exceptionnellement dans les provinces frontières par le ministre de la guerre.

L'intendant était en général un anobli de date récente; perdu au milieu de l'ancienne noblesse qu le considérait facilement comme le représentant d'ui

pouvoir intrus et un homme nouveau, il n'en exerçait pas moins une autorité immense, la plus grande
de la province, réunissant à la fois entre ses mains les
fonctions judiciaires et les fonctions administratives,
et, dans ce dernier ordre de choses, investi d'un pouvoir sans limites.

A ses côtés, nous devons signaler son principal
auxiliaire, *le subdélégué*.

Agents personnels et représentants directs des
intendants, les subdélégués « n'étaient pourvus d'au-
» cune commission officielle ; choisis par les inten-
» dants, ils ne relevaient que d'eux ; en aucun cas
» ils n'avaient de correspondance avec les ministres.
» Les intendants n'en étaient que plus les maîtres
» dans leur province, et n'avaient pas à craindre
» que l'autorité supérieure fût instruite de ce qu'ils
» ne voulaient pas lui faire connaître.

» Les subdélégués n'étant pas les agents de l'État,
» ne recevaient pas de traitement du trésor. On les
» rétribuait en général sur *le plus imposé de la capi-*
» *tation*, c'est-à-dire sur les fonds de la circonscrip-
» tion qu'ils administraient sans titre. Leur prin-
» cipale occupation consistait dans la répartition des
» *tailles* (1). »

La subdélégation était, dans les généralités ou
intendances, le chef-lieu du district où résidait le
subdélégué.

(1) Dareste, *Hist. de l'administration en France.*

## SECTION II

### FONCTIONS DES INTENDANTS

A l'origine les intendants portaient, comme nous l'avons vu, le titre d'intendants *de justice et de police*; ils avaient eu primitivement, en effet, pour mission d'inspecter l'administration de la justice et de soustraire les faibles aux violences des grands. Peu à peu leurs attributions s'accrurent, à mesure que le pouvoir central dont ils étaient l'unique représentant dans la province tendait à concentrer davantage entre ses mains la vie tout entière du pays.

Pour se faire une idée de l'étendue de leurs fonctions, il suffirait de jeter les yeux sur la composition d'un bureau d'intendance (1); l'administration proprement dite, en [y comprenant le contentieux administratif, la justice, tous les services publics et locaux

(1) Voici comment était composé le service des bureaux de l'intendance de Paris : premier secrétaire ; commissaire des guerres ; secrétaire adjoint ; chargé du greffe de l'intendance, du contrôle des actes, des amortissements, de la régie générale, de celle des cartes, des messageries, des exécutions et frais de justice, des avis sur les lettres de grâce, surséances et autres, chef du bureau de la police militaire et ordinaire, de la marche des troupes, des étapes et des convois militaires, du recrutement des régiments provinciaux, des désarmements, de la police des routes, des hôpitaux militaires, des invalides, des fourrages, des vivres, du casernement, des comptes de guerre, de la maréchaussée, de la police des grains, des états de population, chef du bureau de la police extraordinaire, des ordres du roi, des maisons de force, des prisons, de la mendicité, etc.

y sont réunis. Nous allons entrer à ce sujet dans quelques détails.

### § 1er. — *Attributions judiciaires.*

De simples inspecteurs de police et de justice qu'ils étaient à l'origine, les intendants finissent par devenir juges eux-mêmes. On les voit remplissant, en vertu *de commissions spéciales*, dans les siéges présidiaux de leur ressort, le rôle de magistrat, de président, tant en matière civile qu'en matière criminelle. Saint-Simon, dans ses Mémoires, rapporte tout au long l'histoire d'un frondeur célèbre, *Fargues*, condamné ainsi à mort par l'intendant *Machaut*.

Ces sortes de commissions étaient fréquentes dans l'ancien régime. Il suffisait que quelque intérêt politique se mêlât à l'affaire pour qu'elle fût renvoyée, *évoquée*, comme on le disait, devant l'intendant, et jugée par lui avec l'assistance d'un certain nombre de gradués qu'il avait préalablement désignés. La plupart des émeutes que soulevait la cherté des grains donnaient lieu à des évocations de ce genre.

Cette juridiction exceptionnelle, créée pour les besoins de la cause et du moment, constituait tout à la fois une atteinte à la liberté des citoyens et à la dignité de la magistrature ; ce fut pour prévenir tout retour possible à un pareil état de choses que la constitution de 1791 proclama en termes formels *que nul ne peut être distrait de ses juges naturels.*

Ce n'était point cependant de la raison politique

que naissait le plus fréquemment encore la compétence des intendants en matière judiciaire. Déjà nous
voyons apparaître le principe d'où est sorti de nos
jours le contentieux administratif.

» Il n'y avait pas de pays en Europe, dit à ce sujet
» un publiciste que nous aurons souvent l'occasion
» de citer, M. de Tocqueville, où les tribunaux ordi-
» naires dépendissent moins du gouvernement qu'en
» France; mais il n'y en avait guère non plus où les
» tribunaux exceptionnels fussent plus en usage.
» Ces deux choses se tenaient de plus près qu'on ne
» se l'imagine. Comme le roi n'y pouvait presque
» rien sur le sort des juges; qu'il ne pouvait ni les
» révoquer, ni les changer de lieu, ni même le plus
» souvent les élever en grade; qu'en un mot, il ne
» les tenait ni par l'ambition, ni par la peur, il
» s'était bientôt senti gêné par cette indépendance.
» Cela l'avait porté plus que, nulle part ailleurs, à
» leur soustraire la connaissance des affaires qui
» intéressaient directement son pouvoir, et à créer
» pour son usage particulier, à côté d'eux, une espèce
» de tribunal plus dépendant, qui présentait à ses
» sujets quelque apparence de justice, sans lui en
» faire craindre la réalité.

» Si l'on veut bien lire les édits et déclarations
» du roi, publiés dans le dernier siècle de la monar-
» chie, aussi bien que les arrêts du conseil rendus
» dans ce même temps, on en trouvera peu où le
» gouvernement, après avoir pris une mesure, ait
» omis de dire que les contestations auxquelles elle
» peut donner lieu et les procès qui peuvent en

» naître, seront exclusivement portés devant les
» intendants et devant le conseil.

» Dans les matières réglées par des lois ou des
» coutumes anciennes, où cette précaution n'a pas été
» prise, le conseil intervient sans cesse par voie
» d'évocation, enlève d'entre les mains des juges
» ordinaires l'affaire où l'administration est intéressée
» et l'attire à lui. Les registres du conseil sont
» remplis d'arrêts d'évocation de cette espèce. Peu à
» peu, l'exception se généralise, le fait se transforme
» en théorie. Il s'établit, non dans les lois, mais dans
» l'esprit de ceux qui les appliquent, comme maxime
» d'état, que tous les procès *dans lesquels un intérêt*
» *public est mêlé, ou qui naissent de l'interprétation*
» *d'un acte administratif, ne sont point du ressort des*
» *juges ordinaires, dont le seul rôle est de prononcer*
» *entre des intérêts particuliers.*

» En cette matière, nous n'avons fait que trouver la
» formule; à l'ancien régime appartient l'idée (1). »

De cette même idée étaient nés, à côté de la juridiction de l'intendant, une foule d'autres tribunaux
administratifs : cour des comptes, cour des aydes,
cour des monnaies, trésoreries ou bureaux de finances,
tables de marbre pour les contestations qui s'élevaient
en matière forestière, amirautés.

Ces juridictions étaient les unes souveraines, les
autres ressortissant du parlement. Celle des intendants comprenait plus particulièrement, comme

---

(1) Alexis de Tocqueville, *L'ancien Régime et la Révolution*, chap.
IV, p. 77.

aujourd'hui nos conseils de préfecture, les contestations qui s'élevaient en matière d'impôts, de grande
voirie, de navigation des fleuves, de roulage, etc.

## § 2. — *De la police.*

Le soin de maintenir l'ordre public dans la province appartenait au gouvernement central, ou plutôt à son représentant, l'intendant.

C'est ainsi que nous avons vu figurer dans les attributions des différents bureaux de l'intendance de
Paris la police des routes, des grains, etc.

Ce droit de surveillance paraît n'avoir pas eu de
limites ; il s'étendait aux juifs, là où il en existait, et
vers la fin du dix-septième siècle aux partisans de
l'Église réformée.

Pour maintenir l'ordre public, les intendants faisaient des règlements de police, partageant du reste
ce droit avec les corps de justice dans les limites de
leur ressort, et le conseil du roi dans toute l'étendue
du royaume. Ils avaient à leur disposition, pour
assurer l'exécution de ces règlements, la maréchaussée divisée en petites brigades et placée sous
leur direction. L'armée elle-même était tenue de leur
prêter son concours, dans le cas notamment où il
s'agissait d'étouffer des émeutes, d'arrêter des pré-
venus, des vagabonds, etc.

Si les institutions que nous avons étudiées jusqu'ici
cadrent exactement avec la mission originaire des
intendants (*intendant de justice et de police*), il nous
reste à voir comment, ainsi que nous le disions plus

haut, leurs pouvoirs ont fini par s'étendre peu à peu,
suivant l'action même du pouvoir central, à toutes
les matières de l'administration, à tous les besoins,
et il faut même le dire, à tous les intérêts; car,
ainsi que le remarque un de nos économistes les plus
distingués, « l'État, lorsqu'il n'est pas contenu dans
» ses vraies limites, s'est souvent plu à diriger les
» sentiments et les intérêts des hommes (1). »

### § 3. — Des impôts.

Dans l'ancien régime, les impôts se divisaient,
comme de nos jours, en impôts directs et impôts indirects : les premiers comprenaient *la taille, la capitation, les vingtièmes*.

Les seconds notamment *les aydes et la gabelle*.

Votée sous Charles VII, pour permettre à l'autorité
royale de créer une force militaire permanente, capable
de prévenir les désastres qui avaient si tristement marqué les règnes précédents, *la taille* était un impôt rotu-
rier. Elle ne frappait ni la noblesse qui donnait alors
son sang au pays, ni le clergé qui avait pu se racheter
au moyen de sacrifices considérables. C'était de plus
un impôt de répartition, tantôt personnel, tantôt
réel, suivant les pays.

Dans le premier cas, elle était perçue au domicile
du contribuable, et pesait sur les personnes à raison
de leur qualité et de leur revenu tant mobilier qu'im-
mobilier. Ce revenu était déterminé soit d'après cer-

(1) Le Play, *La Réforme sociale en France*, tome I, p. 102.

taines présomptions (1), soit d'après la déclaration du propriétaire ou du commerçant.

Dans le second cas, l'impôt était assis sur les biens fonds roturiers de chaque paroisse, indépendamment de la personne et de la qualité du possesseur.

Toutefois, comme il n'y avait rien de fixe dans ces matières, il en résultait que, bien que la taille réelle dût être exclusivement foncière, cependant, dans un grand nombre de localités, une partie du contingent (en Dauphiné par exemple un 8ᵉ) pouvait être prélevé sur les facultés mobilières et industrielles. On disait dans ce dernier cas que la taille était *mixte*.

A ces divers degrés l'impôt s'adressait donc à toutes les branches de la richesse privée ; mais la quantité des immunités et des exceptions en faisait exclusiment supporter le poids par le paysan et le pauvre contribuable.

La contribution du *vingtième* était une taxe sur le revenu, elle fut créée sous le ministère de Desmarets. Vauban le premier en avait eu l'idée, comme un moyen de remplacer tous les impôts inégaux de l'ancien régime par un impôt unique, proportionnel à la fortune de chacun, analogue à la dîme ecclésiastique. Tous les habitants du territoire, nobles ou roturiers, privilégiés ou non, même les *engagistes* et les *apanagistes*, devaient payer le 20ᵉ de leurs revenus de toute espèce. A ce premier 20ᵉ on en ajouta bientôt un second, puis un troisième. L'égalité cependant ne

______

(1) L'industrie des journaliers était ainsi imposée d'après le produit présumé d'un certain nombre de journées de travail.

dura pas longtemps ; les pays d'état, quelques provinces même d'élection s'abonnèrent ; le clergé se racheta,
comme il l'avait fait pour la taille. Enfin, à partir de
1707, l'impôt perdit son caractère général, et ne
porta plus que sur quelques branches particulières
d'industrie.

Etablie en 1635, la *capitation* était un impôt exclusivement personnel, frappant sur toutes les têtes
proportionnellement au titre et au rang de chacun.
Les contribuables étaient à cet effet divisés en 22 classes. La répartition avait donc pour base l'égalité proportionnelle, mais cette égalité, ici comme pour les
vingtièmes, tomba devant les préjugés et l'usage.

Tels étaient les impôts directs. Les impôt indirects
comprenaient notamment les *aydes*, les *douanes* et la
*gabelle*.

Pour ces derniers, le mode de perception était la
ferme, les fermiers se nommaient *traitants*. En ce qui
touchait les gabelles cependant, on procédait parfois
autrement ; dans quelques provinces, l'impôt se traduisait sous forme de vente forcée du sel, dont on
attribuait à chaque habitant une certaine part de
consommation (1). En ce cas, la perception donnait
lieu à une véritable répartition.

(1) « Toutes les familles, tous les individus sujets à la taille,
» dans les provinces de grandes gabelles, sont enregistrés, et leur
» consommation pour pot et salière (c'est-à-dire rien que pour
» les besoins journaliers, non compris la salaison des viandes, etc., etc.)
» fixée à 7 lbs, qu'il leur est enjoint de prendre, qu'ils en aient
» besoin ou non, sous peine d'amendes variables selon les cas. »
[*Voyage en France, par Arthur Young, pendant les années* 1787,
1788, 1789, tome II, p. 429.]

A part cette exception, le rôle des intendants paraît de peu d'importance dans ces impôts ; il n'en était pas de même en matière de contributions directes. Il suffira, pour s'en convaincre, d'examiner comment elles étaient réparties.

Tous les ans, le conseil du roi fixait le montant de l'impôt pour le royaume entier et la part afférente à chaque généralité. L'acte qui contenait cette indication portait le nom de *brevet*. Il était transmis à l'intendant, qui, d'après un projet présenté par lui à l'approbation du gouvernement, et rendu public ensuite par lettres-patentes, répartissait l'impôt (ou le faisait répartir par ses subdélégués) entre les différentes élections de la généralité. La répartition aux 3° et 4° degrés se faisait entre les paroisses de l'élection par *les élus*, et entre les habitants de chaque paroisse par *les collecteurs*. Au fond, « ces autorités,
» bien qu'existant encore au dix-huitième siècle,
» avaient les unes cessé de s'occuper absolument de
» l'impôt, tandis que les autres ne le faisaient plus que
» d'une façon très-secondaire et entièrement subor-
» donnée. Là même, la puissance entière était aux
» mains de l'intendant et de ses agents ; lui seul en
» réalité répartissait la taille entre les paroisses,
» guidait et surveillait les collecteurs, accordait des
» sursis ou des décharges (1). »

Ce n'était donc pas seulement la juridiction gracieuse, c'était aussi la juridiction contentieuse que les intendants disputaient en ces matières aux bureaux

_________

(1) *L'ancien Régime et la Révolution*, p. 56.

de finances. A vrai dire, leurs attributions respectives étaient fort mal définies ; il y avait là une source permanente de conflits, soit entre eux, soit avec les autres agents du service, conflits d'autant plus nombreux qu'on créait fréquemment de nouveaux *offices*. L'appel des décisions rendues par les intendants se portait généralement au conseil du roi.

Nous avons terminé la matière de l'impôt : nous n'en avons pas fini avec les pouvoirs des intendants. Il nous reste encore à les examiner dans les autres branches de l'administration : armée, travaux publics, agriculture, commerce, assistance publique, auxquelles ils s'étendaient.

### § 4. — *De l'armée.*

L'armée, avant 1789, se composait des corps privilégiés de la maison du roi, des troupes recrutées à prix d'argent, et des milices organisées dans les provinces.

Ces milices, créées à l'origine pour servir dans de certains cas, finirent par être considérées comme les auxiliaires de l'armée permanente. Elles formèrent elles-mêmes des régiments permanents dont le nombre varia et dans lesquels les miliciens servaient durant l'espace de six ans.

Chaque année, en février et en mars, les intendants, comme aujourd'hui les préfets en conseil de préfecture, après avoir fixé le nombre de soldats que chaque paroisse devait fournir pour parfaire le contingent

assigné à la province, faisaient procéder au tirage au
sort.

Les opérations du tirage s'accomplissaient au chef-
lieu de chaque élection, en présence de l'intendant
ou de son subdélégué. C'étaient eux qui présidaient,
jugeaient les cas d'exemption, désignaient les militaires qui pouvaient résider dans leur foyers, ceux qui
devaient partir.

Ici encore, comme on le voit, tout le pouvoir était
aux mains des agents du pouvoir central.

### § 8. — *Des travaux publics.*

Il en était de même en matière de travaux publics.

« Il existait bien encore, il est vrai, des autorités
» locales et indépendantes, qui, comme le *seigneur,*
» *les bureaux de finances, les grands voyers,* pouvaient
» concourir à cette partie de l'administration pu-
» blique. Presque partout ces vieux pouvoirs agis-
» saient peu, ou n'agissaient plus du tout : le plus
» léger examen des pièces administratives du temps
» nous le démontre. Toutes les grandes routes et
» même les chemins qui conduisaient d'une ville à
» l'autre étaient ouverts et entretenus sur le pro-
» duit des contributions générales. C'était le conseil
» qui arrêtait les plans et fixait l'adjudication. L'in-
» tendant dirigeait les travaux des ingénieurs, le sub-
» délégué réunissait la corvée qui devait les exécuter.
» On n'abandonnait aux anciens pouvoirs locaux que
» le soin des chemins vicinaux, qui demeuraient
» dès lors impraticables (1).

(1) [Ce résultat était peut-être moins la conséquence de l'inertie

» Le grand agent du gouvernement central en
» matière des travaux publics était, comme de nos
» jours, le *corps des ponts et chaussées*. Ici tout se
» ressemble d'une manière singulière malgré la di-
» versité des temps.

» L'administration des ponts et chaussées a un
» conseil et une école; des inspecteurs qui parcou-
» rent annuellement toute la France; des ingénieurs
» qui résident sur les lieux, et sont chargés, sous les
» ordres de l'intendant, de diriger tous les travaux.
» Les institutions de l'ancien régime, qui, en bien
» plus grand nombre qu'on ne le suppose, ont été
» transportées dans la société nouvelle, ont perdu
» d'ordinaire dans le passage leurs noms, alors
» même qu'elles conservaient leurs formes; mais
» celle-ci a gardé l'un et l'autre; fait rare (1). »

§ 6. — *Assistance publique, agriculture, industrie, etc.*

Si des grands services publics nous passons à l'examen des intérêts privés, nous retrouvons ici encore
l'action du pouvoir s'exerçant sous toutes les formes.

En matière d'assistance publique, il distribue chaque
année, par les mains de l'intendant, les fonds qu'un
arrêt du conseil a prélevés à cet effet sur le montant des taxes. Le fonds de *non-valeur* n'était pas
inventé, on percevait rigoureusement l'impôt, mais on
venait ensuite en aide au cultivateur nécessiteux.

des particuliers, que des obstacles et des formalités sans nombre
dont l'administration entourait l'exécution de ces travaux Nous en
reparlerons à l'occasion de la tutelle des communes.]

(1) *L'ancien Régime et la Révolution*, chap. II, p. 57.

Le conseil rendait chaque année des arrêts ordonnant la création dans certains lieux d'*ateliers de charité*, où les paysans les plus pauvres trouvaient du travail moyennant un léger salaire. Ce que l'Etat faisait alors à titre de simple faculté, un siècle plus tard nous voyons qu'on le lui impose comme un devoir et une obligation. *Les ateliers de charité du dix-huitième siècle deviennent au dix-neuvième les ateliers nationaux.*

Dans les deux cas, le principe est le même : c'est la substitution de l'Etat à l'initiative privée, la centralisation entre ses mains de tous les pouvoirs et de tous les intérêts.

Ce sentiment était déjà celui de l'époque que nous étudions. Il ne faut donc pas nous étonner de voir le gouvernement prétendre enseigner aux particuliers l'art de s'enrichir, les y aider et les y forcer au besoin. On trouve des arrêts du conseil contraignant les artisans à se servir de certaines méthodes, et à fabriquer de certains produits, allant jusqu'à prohiber de certaines cultures, dans des lieux qu'il y déclare peu propres. Par ses ordres, les intendants fondent des sociétés d'agriculture, promettent des primes, usent de mille moyens pour encourager l'agriculture et l'industrie. « Il semble qu'il eût été plus efficace, ainsi que le remarque M. de Tocqueville, » d'alléger le poids et de diminuer l'inégalité des » charges qui opprimaient alors l'agriculture ; mais » c'est ce dont on ne voit pas que le pouvoir se soit » avisé. »

## § 7. — *Tutelle des communes.*

On n'aurait cependant qu'une idée fort incomplète de l'influence qu'exerçait sous l'ancien régime le pouvoir central dans les provinces, si on
n'étudiait l'action de ce pouvoir dans l'administration
des communautés, villes ou paroisses.

Il est inutile de rappeler ici comment avaient pris
naissance en France les libertés municipales. Aidées
du concours des circonstances, soutenues le plus souvent par l'autorité royale, les communes avaient
réussi à secouer peu à peu le joug de leurs seigneurs.
Depuis lors elles nommaient leurs magistrats et s'administraient elles-mêmes.

Louis XIV, pour subvenir aux besoins du trésor,
changea cet ordre de choses. Les élections furent
supprimées, les magistratures converties en *offices* ;
on créa des procureurs du roi, des greffiers ès-
hostels de ville, des charges de maires perpétuels, de
lieutenants des maires et d'échevins.

Un édit du mois d'août 1717 abolit ce système
et rétablit les élections sur leur ancien pied ; mais
ce fut pour revenir bientôt avec les mêmes besoins
aux mêmes expédients.

Après bien des transformations de ce genre, les
magistratures municipales avaient enfin été réta-
blies par l'édit de 1765, lorsqu'éclata la révolution.

Malgré toutes ces vicissitudes, on peut ramener
d'une façon générale l'administration des villes

sous l'ancien régime à ces deux points : *un corps de ville*, composé d'un certain nombre d'officiers municipaux, élus au scrutin ou nommés par le roi, suivant que la commune avait ou non conservé son droit d'élection ; *une assemblée de notables* à laquelle appartient plus spécialement la délibération.

Si nous passons des villes aux villages, nous trouvons d'autres pouvoirs et d'autres formes. Un *collecteur* chargé de lever la taille ; un *syndic*, agent de l'État, placé sous la direction du subdélégué de l'intendant, tels sont les deux magistrats qui administrent les paroisses.

Lorsqu'il s'agit de discuter quelque affaire, de nommer, par exemple, les officiers municipaux, la cloche du village appelle les habitants devant le porche de l'église. Riches ou pauvres, tous y ont accès. Cependant il ne faut pas s'y tromper ; nous n'avons là que l'apparence de la vie municipale.

L'assemblée peut bien exprimer des vœux, donner son avis, ce n'est qu'à l'intendant ou au conseil qu'appartient la décision.

Pour les paroisses comme pour les villes, tout dans l'administration de leurs intérêts relève du pouvoir central.

Dès le règne de Louis XI, des ordonnances royales réglementent l'administration des biens des communes. En 1659, Louis XIV défend d'aliéner aucun de ces biens sans son autorisation expresse.

C'est de la même façon qu'est réglée à partir du seizième siècle la police intérieure des villes ; l'ordonnance d'Orléans notamment (1561) contient sur l'alignement, sur le mode de construction des maisons, des règles applicables à tout le royaume. On créa pour leur exécution, à Paris d'abord, puis ensuite dans la plupart des villes, des offices ; et ce qui s'était fait pour la voirie urbaine, on l'appliqua au courtage, à l'inspection des marchés, des poids et mesures, etc.

Dans l'ordre financier, nous retrouvons partout cette même intervention de l'autorité royale. Les ressources des villes consistent principalement dans les tailles et les octrois, ni les unes ni les autres ne peuvent être établis sans autorisation.

En 1536, l'édit de Crémieux statue que les baillifs, sénéchaux, et autres officiers du roi, ressortissant du Parlement, examineront les comptes des communes, et jugeront toutes les contestations que ces comptes pourront faire naître.

Plus tard, en 1555, Henri II crée dans chaque généralité un office de surintendant des deniers des villes. Puis ces nouveaux fonctionnaires sont supprimés, mais les villes n'y gagnent rien. On leur impose l'obligation formelle de rendre compte des revenus des octrois aux chambres des comptes, et de leurs deniers communs aux sénéchaux. Il y eut même de petites communautés où les comptes furent directement soumis par les comptables aux officiers du roi, sans être livrés d'abord à l'examen des conseillers municipaux.

Colbert alla plus loin ; il fit entreprendre la vérification des dettes des diocèses, celles des villes et des communautés dans plusieurs provinces, princi-

palement les pays d'état; le tout se termina par
l'ordonnance d'octobre 1662 qui rendait l'autorisation du roi obligatoire pour toute dette à contracter.

En 1669, toutes les villes reçurent l'ordre d'envoyer aux chefs-lieux des généralités leurs budgets
de recettes et dépenses des dix dernières années,
et en 1683 ces budgets furent réglés d'avance par
les intendants de la province et les commissaires
départis.

On peut résumer cet historique par les lignes suivantes que l'intervention de l'État dans l'administration des intérêts communaux inspirait à l'éminent publiciste dont nous avons si souvent déjà
invoqué le témoignage :

» « Les villes, sous l'ancien régime, ne peuvent ni
» établir un octroi, ni lever une contribution, ni
» hypothéquer, ni vendre, ni plaider, ni affermer
» leurs biens, ni les administrer, ni faire emploi de
» l'excédant de leurs recettes, sans qu'il intervienne
» un arrêt du conseil, sur le rapport de l'intendant.
» Tous leurs travaux sont exécutés sur des plans
» et d'après des devis que le conseil a approuvés par
» arrêt. C'est devant l'intendant ou son subdélégué
» qu'on les adjuge, et c'est d'ordinaire l'ingénieur
» ou l'architecte de l'État qui les conduit. Voilà qui
» surprendra bien ceux qui pensent que tout ce
» qu'on voit en France est nouveau (1). »

(1) L'ancien Régime et la Révolution, chap. III, p. 63.
|Note. Pour confirmer ces paroles, nous extrayons du cahier de

remontrances présentées en 1775 au roi par M. de Malesherbes, au
nom de la cour des Aydes, le passage suivant : « Il restait à chaque
» corps, à chaque communauté, le droit d'administrer ses propres
» affaires, droit que nous ne disons pas qu'il fasse partie de la con-
» stitution primitive du royaume, car il remonte plus haut ; c'est le
» droit de la raison ; cependant il a été enlevé à vos sujets, Sire, et
» nous ne craindrions pas de dire que l'administration est tombée
» à cet égard dans des excès pareils... On en est venu jusqu'à dé-
» clarer nulles les délibérations des habitants d'un village, quand
» elles ne sont pas autorisées par l'intendant ; en sorte que si cette
» communauté a une dépense à faire, il faut prendre l'attache du
» subdélégué ; par conséquent, suivre les plans qu'il a adoptés,
» employer les ouvriers qu'il favorise, les payer suivant son arbi-
» traire, et si la communauté a un procès à soutenir, il faut aussi
» qu'elle se fasse autoriser par l'intendant ; il faut que la cause soit
» plaidée à ce tribunal avant d'être portée devant la justice, et si
» l'avis de l'intendant est contraire aux habitants, la communauté est
» déchue de la faculté de défendre ses droits. Voilà, Sire, par quels
» moyens on a travaillé à étouffer en France tout esprit municipal,
» à éteindre jusqu'aux sentiments des citoyens : on a, pour ainsi
» dire, interdit la nation entière, et on lui a donné *des tuteurs*. »

# CHAPITRE IV



Tandis que, par suite de l'ingérence constante de l'État dans les affaires et les intérêts des communes, s'effaçaient au dix-huitième siècle les dernières traces de la vie municipale, quelques provinces conservaient encore un reste de leurs anciennes franchises.

C'étaient les pays d'état, à la tête desquels se trouvait, ainsi que nous l'avons dit plus haut, une représentation locale.

Le rôle qui appartenait, au point de vue des intérêts de la France entière, aux états généraux, les assemblées des pays d'état l'exerçaient dans la sphère des intérêts provinciaux.

États généraux, états provinciaux traverseront les mêmes vicissitudes ; ni les uns, ni les autres ne furent à l'abri des attaques et des empiétements du pouvoir royal. Parmi les pays d'état cependant, deux surtout conservèrent dans une mesure plus large que les autres l'ancienne liberté provinciale, ce furent la Bretagne et le Languedoc.

Nous allons en quelques mots exposer rapidement l'organisation administrative de cette dernière province.

### ÉTATS DU LANGUEDOC.

On trouve des états en Languedoc dès l'année 1254 ; ce fut aussi le pays où ces assemblées eurent la constitution la plus régulière. Charles VII leur reconnut le droit de voter tous les impôts, et même l'équivalent des tailles qu'il établissait de sa propre autorité dans le reste du royaume. Charles VIII jura en 1484 de respecter leurs franchises et en 1522 François I<sup>er</sup> promulgua la grande charte du pays du Languedoc.

Louis XIII voulut substituer à leurs agents financiers les siens propres, et créa dans le pays vingt-trois siéges d'élection, un par diocèse ; il prétendit même soumettre leur budget à la nécessité de l'autorisation royale, sous prétexte qu'ils empruntaient, etc. Les états s'y refusèrent et protestèrent contre la violation de leurs priviléges. On leur proposa alors une transaction ; ils auraient eu à racheter les offices royaux récemment créés. Ce fut en vain, la résistance s'accrut, le parti de l'indépendance provinciale prit les armes ; on connaît sa défaite en 1632 dans les plaines de Castelnaudary et la fin tragique de leur chef. Le roi vainqueur consentit à supprimer les *élections*, mais les états durent les racheter, faire autoriser leur budget, et ne se réunir dorénavant que quinze jours par an.

Bien qu'il paraisse dès lors certain que ces assemblées aient perdu beaucoup de leur importance, elles n'en conservèrent pas moins cet esprit de liberté et

d'indépendance dont la correspondance administrative de Louis XIV fait foi. Aussi sous ce prince
ne furent-elles plus convoquées que tous les deux
ans. A la même époque (1692), la création des
*offices municipaux* fit courir un danger plus grand
encore à la liberté des états. Non-seulement cette
institution devait avoir pour effet de détruire l'organisation des villes, elle tendait encore à déna-
turer la représentation nationale, les officiers municipaux se trouvant être de droit les députés des
communautés aux états. Aussi le Languedoc fit-il
toujours les plus grands efforts pour se soustraire
à ce péril. Dès que de nouveaux offices sont créés,
on voit la province les racheter à prix d'argent, et
en 1773 notamment, elle paye encore dans ce but
quatre millions au trésor. Grâce à ces sacrifices, elle
réussit à sauvegarder jusqu'à la fin, comme nous le
verrons, son droit d'élection.

La province du Languedoc, qui était composée du
Haut-Languedoc, du Bas-Languedoc et des Cévennes,
se divisait en trois sénéchaussées, sorte de grands
départements, ayant pour chef-lieu Carcassonne,
Toulouse et Beaucaire. Ces sénéchaussées se subdi-
visaient elles-mêmes en vingt-trois municipalités
diocésaines ou diocèses ; enfin au-dessous de ces
grands districts administratifs se trouvaient des communautés, villes ou villages. Trois pays formant les
Cévennes, savoir : le Gévaudan, le Vivarais et le
Velay, avaient en quelque sorte des états particuliers
où se discutaient et préparaient les affaires qui dé-

vaient été traitées dans l'assemblée générale des états de la province.

Comme ceux de Bretagne, les états du Languedoc se composaient des trois ordres. Le clergé y était représenté par les trois archevêques et les vingt évêques du pays ou leurs vicaires généraux, la noblesse par le comte d'Alais, son chef, le vicomte de Polignac, et les propriétaires (au nombre de vingt-un) des anciennes grandes baronnies de la province. L'assemblée comprenait en outre soixante-dix-huit députés du tiers, dont quarante-six élus par les diocèses et les trente-deux autres par des villes qui jouissaient du droit d'envoyer des députés aux états, les unes tous les ans, les autres à tour de rôle.

Des trois ordres qui composaient les états du Languedoc, les représentants de la noblesse et du clergé étaient *de droit* membres de l'assemblée, le tiers seul tenait ses pouvoirs de l'élection.

Telle n'avait pas été, paraît-il, l'organisation primitive (1) ; toutefois, bien que les pouvoirs de l'assemblée eussent été ainsi faussés dans leur origine,

(1) C'est du moins ce qu'on peut conclure d'un écrit intitulé : *Adresse au peuple languedocien*, qui au XVIII<sup>e</sup> siècle dénonçait cet état de choses dans les termes suivants : « Le clergé ne paraît plus » aux états que dans la personne des 23 évêques de la province. La » noblesse y est représentée par 23 barons qui n'ont pas reçu ce » droit des autres gentilhommes, mais qui l'ont acquis à prix » d'argent avec le donjon de leurs fiefs. Le tiers-état est absolu- » ment muet. Le seul capitoul de Toulouse a le droit de prononcer » une harangue le jour même de l'ouverture, mais c'est une vaine » formalité, et ce capitoul, qui parle au nom du tiers-état, est déjà » noble par sa place. »

les dangers qui auraient pu en résulter pour les libertés de la province se trouvaient suffisamment
palliés par ce fait, que les députés du tiers conti-
nuaient, comme nous l'avons vu, de puiser leur mandat
dans l'élection. Si on ajoute que les états du Languedoc avaient depuis longtemps admis le principe
*du doublement du tiers*, et celui du *vote par tête*, principes dont la discussion excita de tels orages au
début des états généraux de 1789, on comprendra
l'heureuse influence qu'exerça sur ces assemblées
l'opinion publique et les améliorations successives
qui en résultèrent pour la condition du peuple de
cette province.

« Comme l'assemblée était unique, et qu'on y dé-
» libérait non par ordre, mais par tête, le tiers-état
» y acquit naturellement une grande importance ;
» peu à peu il fit pénétrer son esprit particulier
» dans tout le corps. La noblesse, assez forte pour
» maintenir son rang, ne l'était plus assez pour
» régner seule. De son côté, le clergé, quoique com-
» posé en grande partie de gentilshommes, y vécut
» en parfaite intelligence avec le tiers ; il s'associa
» avec ardeur à la plupart de ses projets, travaillant
» de concert avec lui à accroître la prospérité maté-
» rielle de tous les citoyens et à favoriser leur com-
» merce et leur industrie, mettant ainsi souvent à
» son service sa grande connaissance des hommes et
» sa rare dextérité dans le maniement des affaires.
» C'était presque toujours un ecclésiastique qu'on
» choisissait pour débattre à Versailles, avec les mi-
» nistres, les questions litigieuses qui mettaient en

» conflit l'autorité royale et les états. On peut dire
» que, pendant tout le dernier siècle, le Languedoc
» a été administré par des bourgeois, que contrô-
» laient des nobles et qu'aidaient des évêques (1). »

Les députés aux états jouissaient durant le temps
de la session du privilége de l'inviolabilité. Ils ne
pouvaient se réunir que sur une convocation du
roi, adressée par lui individuellement à tous les
membres de l'assemblée (2). On se souvient que depuis Louis XIII ces convocations n'avaient lieu que
tous les deux ans, et que la durée de la session avait
été fixée à quinze jours. Plus tard, elle paraît avoir
atteint un délai plus long, quarante ou cinquante
jours. Il arriva même que les députés prolongèrent
quelquefois le temps de leur réunion ; les mauvaises
langues prétendaient, en pareil cas, que c'était pour
eux un moyen de jouir plus longtemps de l'indem-
nité qui leur était attribuée.

L'assemblée du Languedoc au dix-huitième siècle
était divisée en sections pour l'administration de la
province. On y expédiait, outre les affaires ordinaires,
toutes celles qui se rattachaient à l'agriculture, aux
travaux publics, à l'industrie, aux impositions, dettes,
vérifications de comptes des communautés et des dio-

<hr>

(1) *L'ancien Régime et la Révolution*, Appendice, p. 327.

(2) Ceci faisait dire à un frondeur de l'époque : « Des trois corps
» qui composent nos états, l'un, le clergé, est à la nomination du
» roi, puisque celui-ci nomme aux évêchés et aux bénéfices, et les
» deux autres sont censés y être, puisqu'un ordre de la cour peut
» empêcher tel membre qu'il lui plaît d'y assister, sans que pour cela
» on ait besoin de l'exiler ou de lui faire son procès. Il suffit de ne
» point le convoquer. »

cèses, aux recrues, etc. On y rédigeait les cahiers à présenter au roi. Toute cette administration correspondait au double privilége du Languedoc : *droit de voter l'impôt, droit d'ordonner les travaux publics* dont l'exécution se rattachait aux intérêts de la province.

Le premier de ces deux priviléges comprenait nonseulement pour les états le droit de voter l'impôt qui leur était demandé par la couronne, mais aussi celui de le lever eux-mêmes, et suivant la méthode qu'il leur plaisait d'employer. Sans doute ici encore nous retrouvons la taille ; mais en Languedoc elle est toujours réelle, non personnelle ; elle se règle sur la valeur des terres, non sur la condition des personnes. Et comme, par la force du temps et des choses, les terres nobles et roturières ont souvent changé de propriétaires, que les premières se retrouvent fréquemment dans les mains du peuple et les secondes dans celles de la noblesse, l'inégalité qui existait à l'origine est considérablement diminuée, et l'impôt réparti d'une façon plus équitable.

La valeur de la propriété foncière s'établissait au moyen d'un cadastre, renouvelé tous les trente ans, et qui excitait l'envie des autres provinces. Les terres y étaient divisées en trois classes suivant leur fertilité. Les *offices des aydes* et des experts réglaient d'abord l'*allivrement* des communautés par livres, sous, deniers, oboles, pittes, mails ; après quoi la communauté, sur son *compoids* ou *cadastre local*, divisait entre les contribuables la somme qui lui avait été assignée.

« Chaque contribuable savait exactement ce que
» représentait la part d'impôt qu'il devait payer. S'il
» ne payait point, lui seul ou plutôt son champ
» seul en était responsable. Se croyait-il lésé dans
» la répartition, il avait toujours le droit d'exiger
» que l'on comparât sa cote avec celle d'un autre
» habitant de la paroisse qu'il choisissait lui-même.
» C'est ce que nous nommons aujourd'hui l'égalité
» proportionnelle (1). »

Le Languedoc appréciait si bien l'excellence de sa
méthode, que toutes les fois que le roi créa des taxes
nouvelles, les états n'hésitèrent jamais à racheter
très-cher le droit de les lever et répartir au moyen
de leurs agents.

Le second privilége dont jouissaient les états était
de voter et faire exécuter eux-mêmes les travaux
qui intéressaient la province. Tandis que dans les
pays d'élections il y avait absence presque absolue de
charges locales, nous voyons en Languedoc les communautés, diocèses, sénéchaussées, concourant dans
la mesure de leurs forces et de leurs intérêts à
l'exécution des travaux publics ; et si ces travaux
sont entrepris par une communauté, bien qu'il ne
s'agisse que d'un intérêt local, le diocèse, la séné-
chaussée, la province lui viennent en aide ; car, disent
sans cesse les états : « le principe fondamental de
» notre constitution, c'est que toutes les parties du
» Languedoc sont entièrement solidaires les unes des

(1) *L'ancien Régime et la Révolution*, chap. XII, p. 189.

» autres, et doivent toutes successivement s'entr'-
» aider. »

Pour subvenir aux dépenses qu'entraînaient ces
travaux, les états, *qui avaient aboli les corvées* (1),
levaient des contributions et émettaient des emprunts.
Leur crédit était grand, paraît-il, car nous voyons
le gouvernement royal y avoir recours, pour obtenir
à meilleur compte, par leur intermédiaire, l'argent
dont il avait besoin (2).

On peut se rendre compte des entreprises immenses
exécutées par les états du Languedoc, quand on voit
qu'en 1780 la dépense annuelle de la province ne s'é-
levait pas à moins de 2 millions, et qu'elle était inscrite pour une somme de 50 millions sur les livres des
banquiers d'Angleterre, de Suède et de Venise. Aucun
de ces travaux n'était du reste entrepris qu'après avoir
été proposé et soumis aux différents corps secondaires
qui devaient y concourir. C'était là l'application du
principe représentatif sur lequel s'appuyait la constitution du pays.

L'exécution des travaux était confiée à des agents
choisis par les états, sous l'inspection de commissaires
désignés par eux et d'après des règlements que le conseil du roi trouva si bien faits, qu'après les avoir auto-

---

(1) On sait de quel poids pesait cette obligation sur le peuple.
» Les corvées ou services de routes, dit Arthur Young, ruinaient an-
» nuellement plusieurs centaines de cultivateurs. Le nivellement d'une
» vallée de Lorraine en réduisit 300 à la mendicité. » (*Voyage en
*France*, tome II, p. 427.)

(2) Dans les derniers temps qui précédèrent la Révolution, la dette
de l'État envers la province, s'élevait par suite de ces emprunts,
à 73.200.000 fr.

risés, il ordonna qu'on les transmit comme pièces à consulter à tous les intendants (1).

Il ne faudrait pas s'imaginer que, dans l'exercice du double privilége dont nous venons de parler, les états du Languedoc fussent absolument libres. Indépendamment de l'influence que pouvaient exercer au sein de l'assemblée les commissaires royaux, chargés de représenter les intérêts du gouvernement, nous ne devons pas oublier que les impositions, les travaux, les emprunts, les actions à intenter, le budget dans son ensemble, restaient soumis à l'approbation des arrêts du conseil.

D'autre part, bien que les pouvoirs des intendants eussent été très-sensiblement modifiés par les droits des états, ces fonctionnaires n'en exerçaient pas moins une tutelle administrative et un pouvoir contentieux des plus étendus.

Malgré tous ces obstacles, en dépit des efforts de l'autorité royale, et bien que le droit de voter l'impôt fût devenu vers la fin du XVIII⁰ siècle plus fictif que réel (2), les états du Languedoc ont réalisé de

(1) Une disposition de ce règlement ordonnait notamment que toute parcelle de terrain dont le propriétaire viendrait à être privé pour cause d'intérêt public, serait payée dans l'année de l'exécution des travaux. C'était là une différence importante avec ce qui se passait dans les pays d'élection, où en cas d'expropriation les indemnités étaient quelquefois nulles et généralement insuffisantes ou tardives.

(2) C'est en ce sens du moins que s'exprimait un des députés du Languedoc, à l'Assemblée nationale, dans la séance du 4 août 1789 : « La province du Languedoc, disait-il, est depuis longtemps régie » par une administration inconstitutionnelle et non représentative » Elle a condamné cette administration comme contraire à ses

grandes et utiles choses. Ils abolirent la corvée et aboutirent, autant que le permettaient les préjugés du temps, à une plus juste répartition de l'impôt. Leur administration, les travaux qu'ils ont entrepris ont été l'objet de critiques sévères, ils n'en ont pas moins, alors que s'établissait en France cette centralisation excessive dont nous avons signalé l'existence, conservé presque seuls le souvenir des anciennes franchises et le dépôt de la vie publique dans les provinces.

» anciens priviléges, dont le plus précieux était d'octroyer librement
» l'impôt et de le répartir elle-même. »

# CHAPITRE V



Nous n'aurions qu'imparfaitèment rendu compte de l'administration des provinces sous l'ancien régime, si nous ne disions quelques mots d'une intitution créée dans les dernières années du règne de Louis XVI, les *assemblées provinciales*.

L'idée en appartenait au premier ministère de Necker. En proposant leur formation au roi, ce ministre avait un double but : donner en premier lieu aux provinces une administration autant que possible uniforme, créer ensuite par le moyen de ces représentations locales un contre-poids au pouvoir des intendants.

En conséquence de cette idée, un arrêt du conseil du 22 avril 1778 établissait une assemblée provinciale dans le Berry. Elle se composait de 48 membres. Par une sorte de compromis entre le principe de l'élection pure et simple et celui de la nomination par l'État, on décida que le roi nommerait tout d'abord 3 membres du clergé, 8 de la noblesse et 8 du tiers, et que ceux-ci seraient à leur tour chargés de choisir leurs 32 autres collègues. Le système du *doublement du tiers* et du *vote par tête*, que nous avons signalé déjà dans les états du Languedoc, devait recevoir ici une nouvelle application.

L'assemblée s'occupa en premier lieu des *corvées* ; elle les supprima dans la province (1), et pour combler le déficit qu'entraînait cette suppression, décida que la taille, de tous les impôts alors existants le plus facile à établir, serait accrue de 24,000 liv. Cette résolution l'engagea à examiner par quelle voie on pourrait parvenir à asseoir la taille d'une façon plus équitable que par le passé, et à prendre, à défaut de cadastre, les mesures nécessaire pour aboutir à une égale répartition des rôles.

De la répartition de l'impôt, elle s'éleva naturellement à diverses questions d'intérêt local, et peu à peu le sentiment du bien public la pénétra. C'était là ce qu'avait espéré Necker.

En 1779, le 11 juillet, un nouvel arrêt du conseil décidait qu'une administration pareille serait créée dans la généralité de la Haute-Guyenne. Une troisième assemblée allait être établie à Moulins, lorsque en 1781 Necker sortit du ministère.

Quelques années plus tard, Calonne reprenait son idée, et, la généralisant, proposait à l'assemblée des notables de 1787, qui l'accepta, un plan complet et définitif pour l'organisation des assemblées provinciales,

_____

(1) Nous sommes actuellement en Berry, dit Arthur Young, pays » gouverné par une assemblée provinciale ; par conséquent les routes » sont bonnes et faites sans corvée. » (*Voyage en France*, tome I, p. 22.)

Quelques années après, du reste, les corvées étaient supprimées dans toute la France par un édit du 17 juin 1787.

dans toutes les provinces qui en étaient encore dé-
pourvues.

Cette organisation embrassa la France entière à
l'exception des pays d'état qui conservèrent leur ancienne représentation.

Les attributions des assemblées provinciales étaient
nombreuses. Elles devaient en premier lieu pourvoir
à l'assiette et à la répartition de toutes les contributions, quels que fussent leur but et leur destination.
C'était en conséquence devant elles qu'étaient portées
les demandes en décharge ou réduction formées
par les communes.

En outre elles étaient chargées, sous l'autorité et la
surveillance du roi et l'inspection de son conseil, de
l'administration économique de la province. Travaux
publics, agriculture, commerce, instruction, établissements de charité, etc. : rien ne devait rester étranger
à leur activité.

La Révolution, qui éclata sur ces entrefaites, ne
permit pas sans doute à cette institution de produire
tous les fruits qu'on en pouvait attendre. Il devait y
avoir, et il y eut en effet, à l'origne, des luttes fréquentes entre les assemblées provinciales, dont les
pouvoirs étaient mal définis, et les intendants qui
n'abandonnaient les leurs qu'à regret.

Nous devions néanmoins signaler la courte existence de ces assemblées. Elles ont marqué le premier
pas vers l'unification administrative, et la représentation actuelle des provinces, servant ainsi de trait d'u-
nion entre les états provinciaux auxquels elles succé-
daient, et nos conseils généraux de département qui

allaient bientôt prendre leur place. De ce côté-là,
comme de beaucoup d'autres, l'initiative de la royauté
et le mouvement de l'opinion publique avaient précédé les réformes de 1789.

[illegible]
[illegible]
[illegible]
[illegible]
[illegible]
[illegible]
[illegible]

# DROIT FRANÇAIS.

—

## DE L'ADMINISTRATION DÉPARTEMENTALE

———

### CHAPITRE PREMIER

**Historique de cette administration depuis 1789.**

Un des premiers soins de l'Assemblée constituante fut de supprimer les anciennes provinces de la France (1). Cédant, ainsi que s'exprime M. Odilon Barrot, à ce *besoin d'uniformité*, qui était si fort dans les idées du jour, elle leur enleva d'un coup leurs assemblées, leurs parlements, jusqu'à leur nom, tout ce que l'ancien régime en un mot leur avait encore laissé d'autonomie, et divisa la France en quatre-vingt-neuf départements, subdivisés eux-mêmes en districts, cantons et communes.

Après avoir ainsi fait table rase de tout ce qui existait précédemment, on dut songer à remplacer les anciennes administrations par une organisation nouvelle.

On créa donc au chef-lieu de chaque département une assemblée administrative, sous le nom *d'admi-*

(1) Loi des 22 décembre 1789-8 janvier 1790.

nistration *de département,* composée de trente-six membres, choisis parmi les citoyens actifs (1), et nommés par les électeurs mêmes qui devaient choisir les représentants du pays. Chaque assemblée comprenait un *directoire* et un *conseil.*

*Le directoire* chargé de l'action était formé de huit membres pris dans le sein de l'administration départementale ; il restait toujours en activité pour l'expédition des affaires, et rendait chaque année son compte de gestion.

Le reste de l'assemblée composait le *conseil.* A l'ouverture de chaque session, le *conseil* commençait par entendre, recevoir et arrêter les comptes du *directoire ;* les membres qui formaient ce dernier corps prenaient alors séance, puis tous ensemble délibéraient sur les affaires du département. L'action comme la délibération était, on le voit, collective.

Le président et le secrétaire étaient élus par l'assemblée. Un procureur général syndic nommé par les électeurs assistait aux séances et y représentait les intérêts du gouvernement ; aucune délibération ne pouvait être prise sans qu'il eût été entendu.

Les assemblées créées par la loi des 22 décembre 1789-8 janvier 1790 étaient chargées de l'administration départementale.

« Elles avaient, nous dit l'instruction des 12-

(1) Avec cette légère modification toutefois, que la contribution directe à payer par tout citoyen actif était ici un peu plus forte, elle devait monter au moins à la valeur de 40 journées de travail.

» 20 août 1790, *des pouvoirs propres et des fonctions*
» *déléguées.* »

Les premiers s'étendaient à tout ce qui touchait aux intérêts particuliers du département, intérêts du reste extrêmement restreints, car, ainsi que nous le verrons plus loin, sa *personnalité* n'existait pas à cette époque.

Les fonctions déléguées se rattachaient au contraire à des objets d'intérêt général. Les unes, telles que la détermination des qualités civiques, le maintien des règles des élections, la répartition et le recouvrement de l'impôt (1) étaient exercées sous l'inspection du Corps législatif. Les autres, qui comprenaient toutes les parties de l'administration générale du royaume, devaient l'être sous la direction immédiate du roi, chef de la nation et dépositaire suprême du pouvoir exécutif. Dans cette seconde catégorie rentraient les mesures relatives à l'assistance publique, à la surveillance de l'éducation et de l'enseignement, à la conservation du domaine

(1) D'après la loi de 1790, les fonctions des assemblées administratives en matière d'impôts comprenaient : « la répartition des contributions imposées au département, le soin d'ordonner et faire faire les rôles d'assiette et de cotisation entre les contribuables de chaque municipalité, de régler la perception et le versement des produits, de surveiller les agents qui en étaient chargés, d'ordonner et faire exécuter le payement des dépenses assignées en chaque département sur le produit des mêmes contributions.

Un décret des 28-30 juin-2 juillet 1790 leur attribua en outre dans ces matières le jugement du contentieux : « Les directoires de » département, y est-il dit, examineront et jugeront les requêtes des » contribuables en décharge ou réduction, remise ou modération. »

public, à la confection des routes, canaux, etc.;
au maintien de la salubrité, sûreté et sécurité
publique, à l'emploi des milices et gardes natio-
nales.

Le rôle que jouait dans l'administration de ces
assemblées l'autorité supérieure est ainsi défini,
par la fin de l'instruction : « Les administrations
» de département ne peuvent agir que par voie
» ou de simple délibération sur les matières géné-
» rales, ou d'arrêtés sur les affaires particulières, ou
» de correspondance avec les administrations de
» district, et par elles avec les municipalités.

» Les délibérations prises en assemblée générale
» ou de conseil, sur les objets particuliers qui con-
» cerneront le département, mais qui intéresseront
» le régime de l'administration générale du royaume,
» ne pourront être exécutées qu'après qu'elles auront
» reçu l'approbation du roi. »

On sait combien fréquents étaient dans l'ancien
régime les empiétements du pouvoir judiciaire sur
le pouvoir administratif. On se rappelle notamment
ces règlements de police que les corps de justice faisaient dans l'étendue de leur ressort. Pour prévenir
le retour de pareils abus, les législateurs de 1790
formulèrent expressément le principe de la séparation
des pouvoirs en déclarant : « que les administra-
» tions de département et de district, ne pourraient
» être troublées dans l'exercice de leurs fonctions
» administratives par aucun acte du pouvoir judi-
» ciaire. »

Que si l'on recherche quel est l'esprit général de

la loi, on trouve que, sous d'autres noms et avec
d'autres formes, elle devait avoir pour résultat inévitable une centralisation non moins exagérée que
celle de l'ancien régime. Sans doute nous voyons ici,
au lieu de fonctionnaires nommés par le gouvernement, des assemblées élues, recevant leur mandat
des citoyens eux-mêmes. Ces assemblées ont, nous
dit l'instruction, des pouvoirs *propres* et des fonctions *déléguées*; il semble qu'on leur concède dans
l'expédition des affaires particulières une pleine et
entière liberté. Au fond leurs pouvoirs sont infiniment moins étendus qu'on ne pourrait le supposer.
Ainsi il leur est interdit de voter aucun impôt, de
faire aucun emprunt, pour quelque cause et sous
quelque dénomination que ce soit, sans y être autorisées par le roi. Nous avons vu de plus qu'elles ne
pouvaient agir que par voie de simple délibération
dans les matières d'administration générale, et même
dans les affaires particulières qui s'y rattachaient, et
il suffit de lire dans la loi l'énumération de ces
matières pour voir combien on en avait étendu le
cercle.

Le rôle centralisateur de la loi peut se résumer dans
cette phrase de l'instruction :

« Le principe constitutionnel sur la distribution des
» pouvoirs administratifs est que l'autorité descende
» du roi aux administrations de département, de
» celles-ci aux administrations de district, et de ces
» dernières aux municipalités. »

Comme conséquence, un décret des 15-27 mars

1791 (1) donnait au roi le droit d'annuler tout acte des assemblées départementales auquel il aurait refusé son autorisation, ou qui serait contraire aux lois, à la constitution, *ou aux ordres donnés par le roi en matière d'administration*. Si le directoire ou le conseil persistait dans son insubordination, le roi pouvait le suspendre, sauf confirmation du Corps législatif.

En somme, le principe de la centralisation administrative est posé dans toute sa rigueur. Si on cherchait cependant à s'expliquer sur ce point la conduite des législateurs de 1790, peut-être pourrait-on se dire que, préoccupés avant tout de fonder l'*unité territoriale* et l'*égalité civile*, ils songèrent moins à donner des bases solides à la *liberté politique*.

La constitution de 1791 ne fut pas de longue durée, le décret du 14 frimaire an II qui organisait le pouvoir révolutionnaire supprima les procureurs syndics, les conseils généraux, les présidents de département, et ne laissa plus subsister que les directoires. Le comité de salut public s'armant de la *raison d'État*, et de cette toute-puissance du pouvoir central, dont nous signalions plus haut le principe, exagérant l'une et l'autre au delà de toute limite, s'arrogea des droits formidables et donna au monde le terrible exemple du despotisme démocratique.

En ce qui touche l'administration départementale, il la plaça sous son entière dépendance se réservant la faculté d'annuler ou de modifier tous ses actes.

(1) Décret des 15-27 mars 1791 concernant l'organisation des corps administratifs.

La constitution du 5 fructidor an III (22 août 1795) apporta avec elle une nouvelle organisation de l'administration départementale ; elle avait été précédée, le 28 germinal précédent, d'un décret invalidant celui du 14 frimaire an II.

D'après cette constitution, il devait y avoir dans chaque département une *administration centrale* cumulant la délibération et l'action, composée de 5 membres nommés pour un nombre égal d'années par les électeurs et renouvelables tous les ans par cinquième. Le directoire désignait auprès d'elle un commissaire n'ayant point voix délibérative, mais chargé de surveiller et requérir l'exécution des lois. Aucune résolution ne pouvait être prise sans qu'il eût été entendu.

Les administrations de département conservaient (1) les attributions qui leur avaient précédemment été accordées par les lois en vigueur.

Elles nommaient leur président.

En somme, entre les administrations départementales créées par la loi de 1790, et celles de la constitution de l'an III, il n'y a, au fond, de différence capitale que la suppression des conseils et la réunion entre les mêmes mains de la délibération et de l'action. Le principe de la centralisation reste toujours le même, et ce qui le prouve bien, c'est que nous trouvons un arrêté du directoire exécutif du 17 messidor an V (5 juillet 1797), d'où il résulte que les ministres avaient, en vertu de la constitution de l'an III, le droit d'annuler, sauf confirmation du pouvoir exécutif, tous

_____________

(1) Décret du 21 fructidor, an III (7 sept. 1795).

les actes des administrations centrales de département.

C'est ainsi que nous arrivons à la constitution du 22 frimaire an VIII, divisant la France en départements, arrondissements et communes, et à la loi du 28 pluviôse de la même année.

Cette dernière loi a fondé notre administration actuelle; ses dispositions sont au fond restées les mêmes depuis cette époque, sauf quelques légères modifications.

Jusqu'à présent nous avons presque toujours vu la délibération et l'action mêlées ensemble d'une façon étrange, et si parfois il est arrivé de les distinguer, ç'a été en tous cas, pour les mettre, la seconde comme la première, aux mains de pouvoirs collectifs.

« Sous l'ancienne monarchie, on n'avait jamais
» connu que deux façons d'administrer; dans les lieux
» où l'administration était confiée à un seul homme,
» celui-ci agissait sans le concours d'aucune assem-
» blée; là où il existait des assemblées, comme dans
» les pays d'état ou dans les villes, la puissance exé-
» cutive n'était confiée à personne en particulier; l'as-
» semblée non-seulement gouvernait et surveillait
» l'administration, mais administrait par elle-même
» ou par des commissions qu'elle nommait (1). »

La loi des 22 décembre 1789-8 janvier 1790 sépara nettement, il est vrai, la délibération de l'action, mais en les confiant l'une et l'autre aux assemblées départementales, elle affaiblit fatalement par là

(1) *L'ancien Régime et la Révolution*, chap. VII, p. 288.

même la portée de son innovation. Est-il en effet nécessaire de démontrer que si toute délibération suppose inévitablement des débats, des contradictions, l'avis d'une assemblée, la décision, une fois prise, demande non plus à être discutée, mais à être exécutée, et que l'unité seule d'action peut assurer ce but?

Il était réservé à la constitution de l'an VIII, tout en distinguant soigneusement le pouvoir qui doit exécuter de celui qui doit surveiller et prescrire, de faire passer dans la pratique cette maxime que si *délibérer est le fait de plusieurs, agir est le fait d'un seul.*

Ainsi que le remarque M. de Tocqueville, à la suite du passage que nous citions plus haut, « cette idée qui » paraît si simple ne vint point, elle n'a été trouvée » que dans ce siècle. C'est pour ainsi dire la seule » grande découverte, en matière d'administration » publique, qui nous soit propre. »

Pour atteindre le but qu'elle s'était proposé, la loi du 28 pluviôse créa dans chaque département un préfet assisté d'un conseil de préfecture, et un conseil général.

Le préfet, chef de l'administration active, remplissait un double rôle. Il était d'une part l'agent du pouvoir central qui le nommait, de l'autre, le représentant du département, chargé d'exécuter les décisions prises par le conseil général sous l'approbation du pouvoir exécutif.

Le conseil général se composait d'un certain nombre de membres (24, 20 ou 16, suivant la population) nommés pour trois ans par le premier consul sur la liste de notabilité départementale, et pouvant être indéfiniment continués. Le conseil général désignait lui-même son président : dans sa session, qui était annuelle et ne pouvait excéder quinze jours, il délibérait sur les affaires qui intéressaient le département.

On voit par cette organisation combien la constitution de l'an VIII avait profité du principe posé par la loi de 1790 sur la distribution des pouvoirs administratifs ; d'une assemblée créée pour agiter et défendre les intérêts du département, elle faisait purement et simplement un instrument dans la main de l'État.

On sentit si bien tout ce qu'une pareille représentation avait d'illusoire que, tout en ne voulant pas complétement désarmer le pouvoir central dans cette question, le sénatus-consulte organique du 16 thermidor an X apporta une première modification au mode de nomination des conseillers généraux. Ils durent être dorénavant choisis à chaque vacance sur une liste de 2 candidats présentés au premier consul par les colléges électoraux des départements.

Tout imparfait qu'il fût, c'était là certainement un progrès, on ne put même pas le conserver, car l'art. 32 du décret du 13 mai 1806 déclara la présentation sans effet toutes les fois que l'Empereur aurait préalablement pourvu au remplacement du précédent candidat.

Nous voilà bien loin déjà des assemblées provinciales de 1787.

La Restauration cependant ne fit que confirmer cette pratique, en substituant dans tous les cas à l'élection la nomination pure et simple par le chef de l'État. En 1827 M. de Martignac, poussé par le sentiment général du pays qui sollicitait une organisation nouvelle des conseils généraux basée sur l'élection, présenta en ce sens à la Chambre des députés un projet de loi qui fut rejeté.

Le gouvernement de juillet, voulant à son tour donner sur ce point satisfaction à l'opinion publique, posa dans la charte même le principe de l'organisation départementale future.

« *Il sera pourvu dans le plus bref délai possible*, disait l'art. 69, *à des institutions départementales et municipales fondées sur le système électif.* »

En exécution de cet article, deux années plus tard le gouvernement présentait aux chambres un projet de loi qui fut adopté et définitivement promulgué le 22 juin 1833.

Ce n'était cependant pas le principe de l'élection pure et simple qu'admettait la loi nouvelle. Le suffrage universel rencontrait alors dans les hautes régions du pouvoir autant de défiance pour le moins qu'on lui a plus tard accordé de faveur (1), et ce fut

---

(1) Voici à ce sujet en quel sens s'exprimait à la Chambre des Pairs, le 5 avril 1833, M. de Barante, rapporteur de la commission chargée de l'examen du projet de loi :

« Puisque nous nous adressons pour le choix des conseillers départementaux à l'élection, il importe surtout de déterminer à qui » sera confié ce droit électoral. C'est la question principale du » projet de loi, nous en avons senti toute la gravité. Elle importe » d'autant plus que depuis quelque temps le public est entretenu *de » notions erronées et dangereus*s sur le droit électoral. De la souve- » raineté du peuple, de ce droit sacré que possède une nation d'être » régie pour soi, dans son intérêt, de s'appartenir à elle-même, » d'intervenir par des représentants dans son gouvernement, de ces » incontestables principes on a tiré des conséquences déraisonnables.

au suffrage restreint qu'on s'adressa pour la création des nouvelles assemblées. Le corps électoral chargé de nommer les conseils généraux se composait : 1° des électeurs, c'est-à-dire de tous les citoyens âgés de vingt-cinq ans et payant au moins 200 francs de contributions directes ; 2° des membres portés sur la liste du jury : « Si un très-grand nombre de citoyens, disait » le rapport présenté à la Chambre des pairs, ont les » lumières nécessaires pour bien juger des intérêts » municipaux et de tout ce qui se passe sous leurs » yeux et les touche directement, il n'en est pas ainsi » pour les intérêts généraux du département. Leur » examen et leur discussion exige plus de connaissan-» ces, plus de comparaison. »

Cette façon de voir ne fut pas acceptée par la loi du 2 juillet 1848 ; elle substitua le suffrage universel au suffrage restreint.

La loi du 7 juillet 1852 a adopté le même système.

» Il semblerait, à entendre certaines opinions, que dans l'universa-
» lité des individus réside un pouvoir absolu, source de tous les
» droits, dispensateur arbitraire de toute autorité, de toute fonction.
» Selon cette doctrine, les règles constitutionnelles et légales ne se
» déduisent plus de la justice et de la raison, mais de la volonté du
» plus grand nombre, indépendamment du mérite de cette volonté.
» *La perfection du droit réside dans le suffrage universel.* Toute
» restriction, toute préférence est une usurpation. Que les individus
» soient ou ne soient pas capables de discernement, qu'ils jouissent
» ou non de l'indépendance, qu'ils soient ou non intéressés au
» maintien de l'ordre, n'importe, ils ont, dût la société en souffrir,
» droit à exercer une part de souveraineté. C'est ainsi que de ce
» que chacun a le droit d'être représenté et défendu dans ses inté-
» rêts, on a conclu que chacun a droit d'élire.
» *La Charte a repoussé cette fausse logique.* »

Elle porte que tout citoyen domicilié dans la commune depuis au moins six mois, âgé de vingt-un ans, inscrit sur les listes électorales et jouissant de ses droits civils et politiques, est appelé à élire les représentants du département, comme il l'est à élire les représentants du pays, de l'arrondissement ou de la commune.

Ajoutons que la législation nouvelle, moins libérale sur ce point que l'ancienne, donne à l'Empereur le droit de choisir les présidents, vice-présidents et secrétaires des conseils généraux, dont la nomination depuis la constitution de l'an VIII jusqu'en 1852 avait constamment appartenu aux conseillers eux-mêmes.

Après ce court exposé des différentes phases traversées par le principe de l'administration départementale, de 1789 à nos jours, nous allons maintenant étudier cette administration elle-même, telle que nous la possédons aujourd'hui, dans son organisation d'abord, dans ses attributions ensuite, nous réservant de traiter rapidement les fonctions du préfet, pour nous étendre davantage sur celles des conseils généraux.

# CHAPITRE II

## Du préfet.

## SECTION I.

### COMMENT IL EST NOMMÉ.

La loi du 28 pluviôse an VIII, créait, nous l'avons vu, dans chaque département un préfet, chef de l'administration active, et plaçait auprès de lui un conseil de préfecture chargé de lui apporter, dans sa mission, l'aide de son concours et de ses lumières. Depuis lors, cette institution est toujours restée ce qu'elle était à l'origine.

Les préfets sont nommés par le pouvoir central, sur le rapport du ministre de l'intérieur dont ils relèvent plus spécialement; avant d'entrer en fonctions, ils prêtent serment entre les mains du chef de l'État ou d'un commissaire délégué à cet effet (1). Aucune condition n'est prescrite du reste pour leur nomination, c'est donc à tort que quelques personnes, se basant sur la constitution du 5 fructidor an III, ont pensé qu'il leur fallait, ainsi qu'aux membres des administrations départementales de cette époque, avoir atteint l'âge de vingt-cinq ans. Cette restriction n'a été nulle part reproduite par la loi.

(1) Arrêté du 17 ventôse an VIII.

Les fonctions de préfets sont incompatibles avec le mandat législatif et celui de représentant des départements, arrondissements ou communes.

En cas d'absence hors de leur résidence, de même qu'en cas de maladie ou de tout autre empêchement momentané, ils peuvent déléguer leurs pouvoirs à un conseiller de préfecture, ou au secrétaire général, à leur choix. S'ils ne l'ont pas fait, le premier conseiller dans l'ordre du tableau les remplace.

En cas d'absence hors du département (absence qui nécessite une autorisation délivrée par l'Empereur, sur la proposition du ministre de l'intérieur), ils peuvent bien déléguer leurs fonctions, comme nous l'avons dit, mais cette délégation doit alors être approuvée par le même ministre.

Le décret du 25 mars 1852 reconnaît trois classes de préfets, chaque classe variant suivant le traitement.

## SECTION II.

### SES ATTRIBUTIONS.

Le préfet est tout à la fois l'agent du pouvoir central et le représentant du département. A ce double point de vue il a recueilli l'héritage des intendants de l'ancien régime, des directoires de 1790, et des assemblées centrales de l'an III; l'action administrative lui appartient sans partage. L'existence d'un conseil placé auprès de lui pour l'aider dans son administration, dont il peut toujours prendre l'avis, qu'il est même tenu parfois de consulter, mais sans être jamais obligé de se conformer à sa manière de voir, ne diminue en rien la vérité de ce que nous venons d'avancer.

Nous passerons rapidement sur celles de ses fonctions que le préfet exerce comme *agent du pouvoir central*. Il nous suffira donc de dire qu'il est en premier lieu chargé de veiller à l'exécution et à la publication des lois et règlements, de prendre toutes les mesures propres à assurer la salubrité, la sûreté et la sécurité publique (1), et qu'il a en conséquence le droit de faire *dans une certaine mesure* des règlements de police.

Nous ajouterons qu'il est aussi le représentant dans le département de l'État considéré comme personne morale; que c'est par lui ou contre lui que sont intentées les actions concernant le domaine (2);

Enfin, qu'il a en troisième lieu des attributions en matière de contentieux administratif, soit qu'il juge par lui-même et c'est là l'exception, soit qu'il participe, comme membre du conseil de préfecture, aux délibérations de cette assemblée statuant au contentieux.

Mais le préfet n'est pas seulement, en tant qu'agent du pouvoir central, chargé d'assurer, au point de vue de l'administration générale du pays, le maintien de l'ordre et l'exécution des lois, il intervient encore, en cette même qualité, dans la gestion des intérêts départementaux (3).

(1) Loi des 22 décembre 1789-8 janv. 1790.
(2) Loi 28 octobre-5 nov. 1790.
(3) Et dans la gestion des biens *des communes* et des *établisse-*

Nous avons vu que de tout temps l'État s'est attribué un droit de surveillance sur les biens des provinces ou des communautés ; loin de l'abandonner, il n'a fait que le réglementer avec plus de soin encore depuis la Révolution. Le département est, ainsi que nous l'expliquerons plus tard, un être moral, pouvant contracter, acquérir, aliéner, comparaître en justice, faire en un mot tous les actes qui constituent le droit de propriété ou en dérivent. Il ne lui est toutefois permis d'user de son droit que sous réserve de la surveillance de l'État.

Cette surveillance, qui s'adresse à la gestion des biens et des intérêts matériels du département, est au fond une véritable *tutelle*. Si le tuteur ici ne peut faire lui-même les actes dont son pupille seul est incapable, il l'autorise du moins à les faire. C'est bien le sens du mot latin *tutela*. Le pouvoir de l'État dans ces matières avait été en grande partie transféré au préfet par les décrets de décentralisation des 25 mars 1852 et 13 avril 1861. Depuis lors la loi du 18 juillet 1866 en a considérablement diminué l'importance.

Une fois cependant le département ainsi autorisé à pourvoir à ses intérêts, il lui faut un représentant chargé de les faire valoir ; ce représentant est le

---

*ments de bienfaisance*, aurions-nous ajouté, si le sujet même que nous traitons ne devait se borner à l'étude des intérêts départementaux. En ce qui touche du reste la tutelle des communes, le pouvoir des préfets, considérablement étendu par les deux décrets de décentralisation dont nous parlerons plus loin, a reçu d'importantes modifications de la loi du 24 juillet 1867.

préfet. C'est lui qui prépare son budget, ordonnance ses dépenses, soutient ses droits devant les tribunaux, qui préside aux adjudications, passe les baux des biens donnés à ferme ou à loyer, seul, en un mot exécute les décisions du conseil général.

Au sein même de ce conseil, le préfet apparaît encore avec son double rôle. Comme agent du pouvoir exécutif, il a pour mission de faire respecter la loi, de maintenir l'assemblée dans la limite de ses attributions, de représenter dans la discussion les droits du gouvernement.

En sa qualité d'agent du département, il rend au début de chaque session ses comptes de gestion, partage avec le conseil général la proposition de toutes les mesures d'utilité départementale, les défend dans son sein, fournit enfin tous les documents, toutes les explications propres à éclairer la discussion.

Le conseil de préfecture, étant le conseil permanent du préfet, peut toujours être consulté par lui; il doit l'être dans certains cas où la loi l'a prescrit; même alors son opinion n'a que la force d'un simple avis. Nous n'entrerons pas dans l'énumération de ces cas; plusieurs se rattachaient à l'administration des biens ou des intérêts départementaux, ils ont disparu par le fait même de l'extension donnée en 1866 à la liberté d'action des conseils *généraux*.

Les actes des préfets prennent le nom *d'arrêtés*; ceux qui *doivent* être précédés de l'avis du conseil de préfecture, portent ces mots : *l'avis du conseil de préfecture entendu.*

On comprendra que nous passions très-rapidement sur ces matières, nous contentant d'énoncer des principes et de poser des règles. Le préfet n'intervient généralement en effet dans les intérêts départementaux que pour surveiller, compléter ou exécuter les délibérations prises par les représentants du département ; les détails que nous pourrions donner à ce sujet trouveront tout naturellement leur place dans l'étude que nous allons bientôt faire des attributions de ces conseils.

# CHAPITRE III

## De l'organisation des conseils généraux.

---

## SECTION I.

### DE LEUR COMPOSITION, CONDITIONS D'ÉLIGIBILITÉ.

Chaque conseil général se compose d'autant de membres qu'il y a de cantons dans le département. La loi du 22 juin 1833 limitait ce nombre à 30, mais cette restriction a été à bon droit supprimée par le décret du 3 juin 1848 ; il était a craindre en effet que le conseiller général nommé par deux ou plusieurs cantons ne s'occupât plus spécialement des intérêts de celui dont il faisait partie.

La durée du mandat est de 9 ans avec renouvellement par tiers tous les 3 ans ; les membres sortants peuvent être indéfiniment réélus.

Les conditions d'éligibilité au conseil général sont l'âge de 25 ans, la jouissance des droits civils et politiques, le domicile ou l'inscription dans le département aux rôles d'une des quatre contributions directes, sans que, cependant, le nombre des élus remplissant cette dernière condition puisse dépasser le quart des conseillers. En cas d'excédant, on tirerait au sort le nom des membres non domiciliés dont l'élection devrait être annulée (1). La loi n'exige plus du reste comme le voulait celle de 1833 que le montant de la contribution s'élève au moins à 200 fr.

(1) Art. 16, § 2, L. 3 juillet 1848.

A côté des questions de *capacité*, nous trouvons celle des *incompatibilités*; il en existe un grand nombre, les unes absolues, les autres relatives. Ainsi ne peuvent être, d'une façon absolue, nommés membres d'un conseil général, les préfets, sous-préfets secrétaires généraux, et conseillers de préfecture, les agents et comptables employés à la recette, à la perception, au recouvrement des contributions, et au payement des dépenses publiques de toute nature (1). On conçoit les motifs de ces restrictions.

La nature même des fonctions de ces agents, plaçant certains d'entre eux, comme les préfets, sous le contrôle des conseils généraux; mettant les autres, comme les comptables, dans l'impossibilité d'assister aux sessions sans compromettre les intérêts qui leur sont confiés, en sont la justification.

Du reste, l'indépendance des électeurs non moins que celle des conseils généraux, ne permettait pas de donner entrée dans ces assemblées à des agents du gouvernement exerçant par leur position même une influence considérable.

C'était par un motif tout pareil que la commission chargée en 1866 de l'examen du projet de loi sur les conseils généraux proposait de déclarer incompatibles avec leur mandat les fonctions des procureurs impériaux dans le ressort du tribunal auquel ils appartiennent, et des juges de paix dans leur canton : « C'est » énoncer une vérité admise par tous, disait le rapporteur, que proclamer la rigoureuse impartialité

(1) Art. 5, L. 22 juin 1833.

» et la complète indépendance des magistrats dans
» notre pays. Leur participation aux luttes électo-
» rales ne saurait altérer la justice qu'ils rendent,
» l'on peut en être convaincu. Mais si on peut assez
» compter sur la droiture du magistrat pour être sûr
» qu'elle ne fléchira jamais, est-on aussi certain
» d'imposer cette croyance à tous, et d'empêcher la
» passion ou l'intérêt de mettre en doute son impar-
» tialité (1) ? »

Ces motifs ne parurent pas suffisants pour écarter du sein de la représentation départementale des hommes dont l'expérience et les lumières pourraient être d'un concours précieux : l'amendement présenté par la commission fut donc rejeté.

Aux incompatibilités *absolues* viennent se joindre des incompatibilités *relatives*. Elles s'étendent : aux ingénieurs des ponts et chaussées, aux architectes, aux agents forestiers employés par l'administration dé-partementale, enfin aux employés des bureaux de préfecture et de sous-préfecture. On conçoit que les premiers, dont les fonctions sont contrôlées par les conseils généraux, ne puissent être élus dans le dépar-tement même où ils sont employés, et qu'on leur reconnaisse ce droit néanmoins dans tout autre. C'est là une raison parfaitement plausible et qui explique le caractère relatif de ces incompatibilités.

Il est plus difficile de comprendre comment les fonctions d'employés des bureaux de préfecture et de

(1) Rapport présenté au Corps législatif, le 0 mai 1866, par M. Busson-Billaut, au nom de la commission chargée d'examiner le projet de loi concernant les conseils généraux.

sous-préfecture ont été compris dans la même catégorie. C'est là cependant la jurisprudence du conseil d'État (1).

Pour compléter la liste des incompatibilités, nous devons ajouter que nul ne peut être membre de plusieurs conseils généraux, ou d'un conseil général et d'un conseil d'arrondissement, ou représentant de de plusieurs cantons. Indépendamment de ce fait que les sessions des conseils généraux ont lieu à la même époque, il serait à craindre, en cas de conflit d'intérêt entre deux départements que l'un des deux ne fût sacrifié à l'autre; et quant aux conseils d'arrondissement, les considérations hiérarchiques s'opposent à ce que les mêmes mains réunissent le pouvoir subordonné et le pouvoir supérieur.

En conséquence de ces dispositions, tout conseiller de département élu dans plusieurs cantons ou circonscriptions électorales, est tenu de déclarer son option au préfet, dans le mois qui suit les élections entre lesquelles il doit opter. A défaut d'option dans ce délai, le préfet, en conseil de préfecture et en séance publique, décide par la voie du sort à quel canton ou circonscription électorale le conseiller appartiendra (2).

## SECTION II.

### DES ÉLECTIONS AUX CONSEILS GÉNÉRAUX.

Nous avons raconté plus haut comment le principe

(1) Arrêt du 24 août 1849. Affaire Lépine.
(2) Art. 10, L. 22 juin 1833.

de l'élection était enfin devenu, à travers de nombreuses vicissitudes, la base de la représentation départementale. Nous connaissons les conditions d'éligibilité. Il nous reste à étudier maintenant quand et comment se font les élections.

Les causes qui peuvent entraîner la convocation des collèges électoraux pour la nomination d'un conseiller général sont nombreuses.

En dehors même du droit de dissolution qui appartient en temps ordinaire au chef de l'État (1), il peut se présenter, comme en 1852, des circonstances exceptionnelles, dans lesquelles une loi, un acte dictatorial ordonne le renouvellement intégral des conseils généraux de France (2).

Une fois ces assemblées constituées, le renouvellement triennal auquel elles sont assujetties, l'option d'un conseiller général nommé en vertu de ce renouvellement, et élu dans plusieurs circonscriptions, le décès, la démission expresse ou tacite, cette dernière résultant de l'absence d'un membre à deux séances consécutives, la perte des droits civils et politiques sont autant de circonstances qui donnent lieu à la mise en pratique des règles que nous allons exposer.

Lorsqu'il y a lieu de procéder dans un canton à la nomination d'un conseiller général, les électeurs se réunissent au chef-lieu de leur commune, sur la convocation du préfet (3). La loi n'exigeant point comme

(1) Art. 10, L. 22 juin 1833.
(2) Art. 4, L. 7 juillet 1852.
(3) Art. 3, L. 7 juillet 1852. C'est là une innovation de cette loi; précédemment le vote avait lieu par canton.

elle le fait pour les élections au Corps législatif, qu'on laisse écouler un certain délai entre la publication de l'arrêté préfectoral et l'ouverture du scrutin, Il suffira que le laps de temps dont se composera cet intervalle ait pu permettre à tous les électeurs de prendre connaissance de l'arrêté. Ce sera affaire d'appréciation pour le conseil de préfecture (1).

Le préfet peut, par arrêté préfectoral, diviser les communes en sections, quelle que soit leur population (2).

Le recensement général des voix se fait au chef-lieu de canton.

Nul n'est élu membre d'un conseil général au premier tour de scrutin, s'il n'a réuni la majorité absolue des suffrages exprimés, tout en ayant un nombre de suffrages égal au quart des électeurs inscrits. Au second tour, l'élection a lieu à la majorité relative, quel que soit le nombre des votants. Si plusieurs candidats obtenaient la même quantité de suffrages, l'élection serait acquise au plus âgé (3).

## SECTION III

### DU CONTENTIEUX EN MATIÈRE ÉLECTORALE.

Le contentieux dans ces matières peut se présenter sous forme de réclamations ayant trait, soit aux for-

(1) Arrêts du conseil d'État, 16 août 1860 et 31 août 1865.
(2) Art. 3, L. 7 juillet 1852.
(3) Art. 4, L. 7 juillet 1852.

malités prescrites pour l'élection, soit à la capacité des personnes élues.

Nous laissons à dessein de côté celles qui naissent de la confection des listes électorales. C'est là un sujet beaucoup trop général pour que nous voulions faire rentrer son étude dans le cadre que nous nous sommes tracé. Il nous suffira de rappeler que les réclamations de ce genre sont jugées en premier ressort, par une commission composée, dans chaque commune, du maire et de deux conseillers municipaux délégués par le conseil ; que les décisions de cette commission sont portées en appel devant le juge de paix, et que ce magistrat statue en dernier ressort, sauf recours en cassation. (1)

Si la loi déroge en ce cas au grand principe de *la séparation des pouvoirs administratif et judiciaire*, en faisant apprécier par les tribunaux un acte purement administratif, la confection des listes électorales, c'est qu'elle a voulu mettre sous leur protection le droit même à l'élection, comme elle leur confie, par la loi du 3 mai 1841, l'exercice des garanties dont elle a cru devoir entourer, en cas d'expropriation, le droit de propriété.

Lorsque, revenant cependant à notre sujet, nous nous demandons à qui, en matière d'élection départementale, appartient le droit de se pourvoir devant la juridiction compétente, nous voyons dans les art. 80 et 81 de la loi du 22 juin 1833, que la demande en nullité peut être introduite : 1° par tout membre de l'as-

<hr>

(1) Art. 19, 20, 21, 22, 23, décr. org. 2 févr. 1852.

semblée électorale; 2° par le préfet intéressé à ce que
la loi ne soit point violée.

On a donné de ces mots : *membre de l'assemblée électorale* deux interprétations, les uns disant que ceux-
là seuls qui ont pris part au vote peuvent attaquer
l'élection, les autres soutenant que la même faculté
appartient à tout électeur inscrit dans la circonscription.

Alors même que la loi du 5 mai 1855 ne fournirait
pas en faveur de cette dernière opinion un argument
d'analogie, les principes mêmes devraient la faire
adopter. L'électeur puise en effet dans cette qualité,
non-seulement le droit de nommer son représentant,
mais encore celui de veiller à ce que l'élection ne soit
point faussée. La preuve en est dans la loi. N'est-ce
point en effet par ce motif que le décret organique du
2 février 1852 déclare « que tout citoyen appartenant
» à une circonscription électorale pourra non-seule-
» ment réclamer son inscription sur ces listes, mais
» une fois inscrit aura de plus le droit de poursuivre
» la radiation ou l'inscription de tout individu omis
» ou indûment inscrit. »

Il ne faut donc pas donner à l'expression employée
par l'art. 81 le sens restreint que lui attribue la première des deux opinions dont nous parlions plus haut,
ce serait porter au droit des électeurs une atteinte que
rien ne pourrait justifier.

La demande en nullité d'une élection doit, pour être
valable, être formée dans un certain délai. Ce délai
est de 8 jours à dater de la clôture des opérations,
pour l'électeur qui n'a pas inscrit sa réclamation au

procès-verbal. Plusieurs arrêts du conseil d'État (1) décident que le point de départ se trouve non dans le jour de l'élection à la commune, mais dans celui du recensement des votes au canton. C'est l'application de ce principe que : *l'intérêt est la règle des actions.*

Si la nullité est invoquée par le préfet, sa demande doit être formée dans un délai de 15 jours à compter de la réception des procès-verbaux de vote qui lui sont transmis par l'intermédiaire du sous-préfet.

Quel est cependant dans ces matières le tribunal compétent ? Nous retrouvons ici l'utilité de la distinction que nous établissions plus haut entre les réclamations basées sur l'*irrégularité des opérations électorales*, et celles qui naissent de l'*incapacité* des personnes élues. La compétence varie suivant les cas. Dans le premier, elle appartient aux conseils de préfecture, dans le second aux tribunaux civils (2).

Par ces mots de *capacité électorale*, on doit comprendre l'ensemble des conditions dont la réunion confère la qualité d'éligible. Elles ont trait, comme nous l'avons vu, à l'âge, à la nationalité, à la jouissance des droits civils et politiques, au domicile enfin ou au payement dans le département d'une des quatre contributions directes. C'est là ce qui constitue vraiment l'*état d'éligible* ; il faut de plus n'être pas atteint par une des causes d'indignité énumérées dans les art. 15 et 16 du décret organique du 2 février 1852.

Le motif de ce partage d'attributions entre deux

<hr>

(1) Arrêts du conseil d'État des 10 août 1862, 26 août 1863.
(2) Art. 51 et 52, L. 22 juin 1833.

pouvoirs essentiellement distincts est facile à saisir. Lorsque la réclamation porte sur les formalités même de l'élection, c'est-à-dire sur tout ce qui précède et accompagne les opérations du vote, formation des assemblées électorales, vote des électeurs, dépouillement du scrutin, etc., on conçoit que le conseil de préfecture soit compétent ; il s'agit en effet d'apprécier des actes de l'autorité administrative. Lors au contraire que le débat a trait aux conditions mêmes requises de l'élu pour pouvoir se présenter au suffrage de ses concitoyens, l'administration doit être mise hors de cause, la question posée est une question d'état, une question de droit, dont la discussion ne peut être soumise qu'à des tribunaux inamovibles placés au-dessus de toute considération politique.

Des questions *d'état* on doit soigneusement distinguer les questions d'*incompatibilité*. Quand on dénie à un fonctionnaire la possibilité d'être élu conseiller général, on ne prétend pas par là-même qu'il soit légalement *incapable* d'en remplir les fonctions ; ce ne sont point ses droits politiques qui sont en jeu, et la preuve, c'est que ce fonctionnaire aura toujours, en se démettant de son titre, la faculté de s'offrir aux suffrages de ses concitoyens. Il ne s'agit en tout cela que de constater un fait, et le soin de faire cette constatation appartient au conseil de préfecture, seul juge compétent pour prononcer la nullité de l'élection (1).

(1) [Cette jurisprudence, qui est celle du conseil d'État, a été condamnée par la Cour de cassation. (Sirey, 10 juin 1841, 41, 1, 635.)

Le conseil de préfecture une fois saisi doit statuer dans le délai d'un mois, à compter de la réception des pièces à la préfecture. Qu'arriverait-il cependant s'il ne s'était point prononcé à l'expiration du temps fixé ? La loi du 22 juin 1833 gardant le silence sur ce point, le conseil d'État en avait conclu qu'en pareil cas le pourvoi n'était pas possible. C'était là un raisonnement inadmissible, car avec un pareil système il eût suffi à l'administration de s'abstenir pour valider des élections entachées d'irrégularité. Depuis la loi du 5 mai 1855 (1), qui, en matière d'élections municipales, considère l'omission de statuer dans le mois comme un rejet de la demande, et autorise expressément le recours au conseil d'État, cette jurisprudence ne saurait se soutenir. Elle serait contraire à ce principe de droit, que, lorsque la loi ouvre un recours contre la décision d'un tribunal, le refus fait par lui de prononcer dans le délai fixé constitue un déni de justice, dont on peut appeler devant un tribunal supérieur.

Pour ne point laisser la représentation départementale trop longtemps en suspens, et permettre d'autre part à tout électeur de présenter ses réclamations, la loi proclame en ces matières le double

Elle est au contraire formellement confirmée pour les élections municipales par la loi du 5 mai 1855. Cette loi ne dit point seulement, comme celle du 22 juin 1833 : « Si la réclamation est fondée » sur l'incapacité légale d'un ou de plusieurs membres élus, la » question est portée au tribunal d'arrondissement. »

Elle explique plus clairement sa pensée, et pour le renvoi préjudiciel devant les tribunaux exige qu'il s'agisse d'une *question d'état*.)

(1) Art. 45.

principe de l'*urgence* et de la *gratuité*. Elle déclare
donc que l'acte d'appel formé contre la décision
d'un tribunal de première instance doit, sous peine
de nullité, être notifié dans *les dix jours* à la partie
adverse, quelle que soit la distance des lieux; elle
ajoute que la cause sera jugée *sommairement*, et
conformément au § 4 de l'art. 32 de la loi du 19 avril
1831, lequel admet l'enregistrement gratuit pour tous
les actes judiciaires auxquels donne lieu l'appel.

De son côté, l'art. 53, supposant le cas où l'affaire
était de la compétence des conseils de préfecture,
porte : « que le recours au conseil d'Etat sera jugé
» par la voie contentieuse, publiquement et sans
» frais. »

» Ce recours, ajoute l'art. 54, sera suspensif lors-
» qu'il sera exercé par le conseiller élu. L'appel des
» jugements des tribunaux ne le sera point, lors-
» qu'il sera interjeté par le préfet. »

Cette dernière disposition contient une double dé-
rogation au droit commun, en matière de procédure.
Si l'élection est annulée par un conseil de préfecture,
et que le conseiller élu se pourvoie en conseil d'Etat,
ce recours sera suspensif, contrairement à la règle
écrite en l'art. 8 du décret du 22 juillet 1806. Si au
contraire elle est validée par les tribunaux, et que le
préfet interjette appel devant la Cour, l'appel ne sera
pas suspensif, par exception à la règle de l'art. 457
C. proc.

Dans les deux cas, la loi ne veut pas que l'administration puisse directement, par voie de décision
ou indirectement par voie d'appel, paralyser dans

l'exercice de leurs fonctions, les conseils généraux. Cette maxime était formulée dans les termes suivants par la loi des 15-27 mars 1791, sect. II, art. 9 : *L'exercice provisoire demeurera à ceux dont l'élection se trouverait attaquée.* (1)

## SECTION IV

### RÈGLES DES SESSIONS DES CONSEILS GÉNÉRAUX

Les conseils généraux ont chaque année une session ordinaire. Le pouvoir central conserve toujours, en outre, la faculté de les convoquer extraordinairement en cas d'urgence. « S'il n'y a donc pas, disait » un rapport présenté le 3 avril 1833, à la Chambre » des pairs, nécessité de la fréquence des sessions » régulières, il y a inconvénient, car le déplacement » des conseillers est pour eux une *charge* d'autant » moins bien supportée qu'elle est plus lourde (2). »

Ce sont toujours, on le voit, les mêmes principes dont s'inspirent les législateurs de cette époque. L'électeur qui nomme le représentant de ses intérêts n'use pas *d'un droit*, il exerce une *fonction* (3) ; le représentant, en exécutant le mandat qu'il a librement accepté, ne remplit pas un devoir, mais se libère d'une

(1) Serrigny, *Traité de la compétence*, tome III, p. 20.

(2) Rapport présenté à la Chambre des pairs le 3 avril 1833, par la commission chargée de l'examen du projet de loi sur les attributions départementales.

(3) ... La Charte a prononcé que l'électeur s'acquitte d'une fonction, mais n'exerce pas un droit. (Rapport de M. de Barante.)

charge. Il semble que ce soit par une sorte de délégation de l'Etat que l'un et l'autre aient reçu le droit, l'un d'élire, l'autre d'être élu.

Les conseils généraux ne peuvent se réunir qu'autant qu'ils ont été convoqués par le préfet, en vertu d'un décret qui détermine l'époque et la durée des sessions (1).

Ce même décret nomme le bureau, c'est-à-dire le président, vice-président et secrétaire de chaque conseil (2). En le décidant ainsi, la loi du 7 juillet 1852 a par là même dérogé à toute la législation antérieure, car depuis l'an VIII les conseils généraux nommaient librement leur bureau. Elle s'est basée sur ce motif : « que c'était prévenir au sein de ces » assemblées des compétitions qui pourraient être » irritantes, dégénérer en luttes politiques et dé- » tourner ainsi les conseils des affaires pour lesquelles » ils sont uniquement institués. »

Ces prétendus périls rencontrèrent dès lors de nombreux incrédules ; en 1852, même, des amendements étaient présentés en sens inverse de la disposition précitée, à la commission chargée d'examiner le projet de loi sur les conseils généraux. La commission les rejeta, tout en proposant à son tour un article additionnel qui maintenait l'ancienne tradition quant au choix des secrétaires. Cet article partagea le sort des amendements, le conseil d'Etat refusa de l'adopter.

(1) Art. 12, L. 22 juin 1833.
(2) Art. 5, L. 7 juillet 1852.

Aujourd'hui que le Corps législatif a recouvré le droit de nommer son bureau, on pense de différents côtés que ce serait être dans la logique des choses, que de restituer aux assemblées départementales celui de nommer les leurs.

Au jour indiqué pour la réunion du conseil, le préfet donne lecture du décret de convocation, reçoit le serment des membres nouvellement élus, et déclare au nom de l'Empereur que la session est ouverte.

Les séances des conseils généraux ne sont point publiques; ce principe, un moment abrogé par le décret du 3 juillet 1848, a été de nouveau formellement consacré par l'art. 5 de la loi du 7 juillet 1852. On a voulu écarter ainsi tout ce qui aurait pu introduire dans les discussions de ces assemblées l'esprit de parti et les considérations personnelles.

C'est par un semblable motif que, tout en les autorisant à ordonner la publication de leurs procès-verbaux, la loi du 10 mai 1838 défend d'y insérer les noms des membres qui ont pris part à la discussion. (Art. 26.)

En limitant d'avance le nombre des sessions des conseils généraux, en déterminant exactement l'étendue et la nature de leurs fonctions, la loi a dû prévoir le cas où des infractions viendraient à se produire; en les prévoyant, elle a établi certaines garanties contre les excès de pouvoir qui pourraient en être la cause.

Si donc un conseil général se réunissait en dehors du temps fixé pour la tenue des sessions, comme il y aurait là un fait, facile à constater, nécessitant un prompt remède, le préfet, par un arrêté pris en conseil de préfecture, aurait le droit de déclarer immédiatement, et sans attendre la confirmation du pouvoir central, la réunion illégale ; il devrait en même temps prononcer la nullité des actes, prendre les mesures nécessaires pour que l'assemblée se séparât immédiatement, et transmettre son arrêté au procureur général du ressort, afin qu'on appliquât *s'il y avait lieu* aux délinquants les peines prononcées par l'art. 258 du C. pén. contre ceux qui se sont immiscés sans titre dans les fonctions publiques.

Si au contraire l'illégalité portait sur les délibérations mêmes des conseils généraux, si une de ces assemblées s'était prononcée sur des objets placés en dehors de ses attributions, comme il s'agirait là non plus de la constatation d'un fait, mais d'une question à apprécier, de principes à appliquer, c'est par décret seulement que la nullité de la délibération pourrait être prononcée (1).

Dans son remarquable ouvrage sur l'ancien régime et la révolution, M. de Tocqueville raconte qu'on voyait fréquemment les assemblées provinciales de 1787 s'envoyer au loin consulter les unes les autres, se faire parvenir sans cesse des avis, tant pour s'éclairer sur l'étendue de leurs attributions, que pour se fortifier dans leur résistance contre le pouvoir des intendants qui étaient alors dans la province les représentants de l'autorité centrale. C'est sans doute

(1) Art. 44 et 45, L. 22 juin 1833.

pour prévenir toute idée de coalition pareille, pour renfermer les conseils généraux dans la limite de leurs attributions et leur interdire le domaine de la politique, que la loi de 1833 défend à ces assemblées de se mettre en correspondance avec un ou plusieurs conseils d'arrondissement ou de département ou encore de faire et publier aucune proclamation ou adresse. En cas d'infraction à ces dispositions, le préfet devrait par un arrêté suspendre le conseil général, en attendant qu'il fût définitivement statué par décret.

En dehors du temps fixé pour la durée de leurs sessions, les membres des conseils généraux peuvent être appelés à remplir certaines fonctions spéciales et personnelles. C'est ainsi que dans le cas ou un conseil de préfecture n'est pas en nombre pour délibérer, il doit y être pourvu par la nomination de conseillers généraux choisis par les conseillers de préfecture présents, ou si tous font défaut, par le ministre de l'intérieur sur la proposition du préfet (1).

C'est ainsi encore que la loi du 21 mars 1832 les fait entrer dans la composition des conseils de révision (art. 15); celles des 14 juin 1854 et 15 mars 1850 dans la composition des conseils départementaux de l'instruction publique; qu'en vertu de la loi du 3 mai 1841, ils sont appelés à faire partie des commissions chargées de recevoir les observations des proprié-

(1) Loi, 21 juin 1865, rappelant les dispositions de l'arrêté du 19 fruct. an IX, et du décret du 16 juin 1808.

taires ; qu'ils peuvent être désignés par le préfet pour
remplacer temporairement un sous-préfet.

Enfin, des événements récents ont suffisamment
montré quel rôle ils sont appelés à remplir en cas de
réunion de la haute cour de justice. (S.-C. 10 juillet
1852.)

Mais ce ne sont là que des attributions personnelles et séparées, les conseillers généraux n'ont en
dehors de leur session aucune action collective. On a
dû, cependant, se demander pourquoi les délibérations de ces conseils ne seraient point exécutées
par des agents pris dans leur sein, pourquoi distinguant chez le préfet l'agent du pouvoir de celui du
département, on ne lui enlèverait point les fonctions
qu'il exerce en cette dernière qualité pour les donner
aux représentants du pays, à ceux que le département lui-même a chargés de pourvoir à ses intérêts.

Un amendement fut formulé dans ce sens en 1866,
lors de la présentation du projet de loi sur les conseils généraux.

Une commission permanente, composée de cinq
membres pris dans ces assemblées, nommés par leurs
collègues au scrutin, pour trois ans, aurait été chargée
de veiller à l'exécution des décisions du conseil et de
lui en rendre compte.

C'était, on le voit, une réminiscence des directoires
de 1790.

Les membres du Corps législatif chargés de l'examen du projet de loi répondirent par l'organe de leur
rapporteur « qu'une pareille institution empruntée

» à un pays voisin, la Belgique, où l'esprit muni-
» cipal et provincial est puissamment développé, au-
» rait en France plus d'inconvénients que d'avan-
» tages. Il serait bien difficile, ajoutait-elle, que cette
» commission ne se laissât pas aller à la tendance ou
» ne se crût pas en droit de s'immiscer dans l'admi-
» nistration, il en pourrait résulter des conflits re-
» grettables. Du reste, l'expérience avait prononcé
» sur les administrations collectives. Établies en
» 1789, elles avaient dû être modifiées par la loi du
» 14 frimaire an II, puis par celle du 2 fructi. an III,
» et définitivement supprimées en l'an VIII. »

Sans entrer dans le fond même de la question,
on aurait pu répondre peut-être à la commission et
à son rapporteur que si on voulait faire revivre en
France l'esprit provincial et municipal, ce n'était pas
en l'étouffant constamment, sous prétexte qu'il n'existait pas, qu'on y parviendrait. Quoi qu'il en soit, l'a-
mendement ne fut pas adopté.

Les inconvénients qui résulteraient de l'action collective d'une commission nommée par un conseil
général pour exercer les attributions aujourd'hui confiées au préfet, en tant que représentant du département, seraient sans doute assez grands dans la pratique pour que nous ne regrettions pas la décision de
la commission. La faculté, au contraire, pour les conseils généraux de nommer des commissions perma-
nentes auxquelles on confierait le soin d'étudier certaines questions présentant de grandes difficultés ou
nécessitant de longues informations, de surveiller
même l'exécution des décisions prises par les conseils,

pourrait, dans certains cas présenter une véritable utilité (1).

Après avoir ainsi traité de l'origine des conseils généraux, de leur composition, de la tenue de leurs séances, nous avons maintenant à étudier le fonctionnement de ces assemblées. Mais, avant d'entrer dans l'examen de leurs attributions qui toutes, nous le verrons, se rattachent à l'administration économique des intérêts départementaux, il nous paraît utile de dire quelques mots du département lui-même considéré comme personne civile, et puisque nous devons nous occuper dorénavant de la gestion de ses droits et de ses biens, d'établir rapidement comment on en est arrivé à lui reconnaître des droits, des biens, des intérêts, une existence à part, en un mot une *personnalité*.

## DE LA PERSONNALITÉ DU DÉPARTEMENT.

On a pu voir déjà par ce que nous avons dit des anciennes provinces de la France, que les unes, *pays d'élections*, constituaient de simples divisions territoriales créées pour les besoins de l'administration, tandis que les autres, auxquelles on donnait le nom de *pays d'état*, avaient des intérêts particuliers, des

(1) C'est sans doute dans cette pensée que la commission de décentralisation adoptait dans une de ses dernières réunions la résolution suivante :

« Il y aura une délégation du conseil général qui, dans l'intervalle des sessions, sera chargée d'exercer au nom du conseil certaines attributions déterminées par la loi. »

finances pour y pourvoir, et une administration spéciale pour les gérer.

La personnalité des pays d'état fut étendue par
l'édit de 1787 à toutes les provinces : la création
des assemblées provinciales n'était que la conséquence
de ce principe.

Quand l'Assemblée constituante, en 1789, chan-
geant cet ordre de choses, créa les départements, elle
ne voulut voir dans les nouvelles circonscriptions
qu'une division artificielle, plus commode pour l'administration.

Frappée peut-être des inconvénients qu'avait pu
présenter le gouvernement des états, voulant abattre
du même coup avec leur nom leur personnalité, elle
confisqua toutes les propriétés tant mobilières qu'im-
mobilières qui leur avaient appartenu, les déclara
domaines nationaux et mit les dettes de ces pays à la
charge de la nation (1). Sans doute, dès cette époque,
on trouve un budget départemental avec des dépenses et des ressources spéciales destinées à y pourvoir, mais ces dépenses ont un caractère plus général
que local, et se rattachent davantage aux besoins du
pays qu'à ceux des départements. Sans doute encore
on peut faire remarquer (2) que déjà ces derniers
avaient reçu de l'État à titre de locataires ou d'ache-
teurs (3) un certain nombre d'édifices, et que ce fut

(1) L. 12-27 avril 1790.
(2) Voir notamment Herman, *Traité de l'administration départe-*
*mentale.*
(3) Ainsi que cela résulte de l'exposé même des motifs du décret
du 9 avril 1811.

précisément parce qu'ils ne payaient ni prix d'achat,
ni prix de location que le décret du 9 avril 1811
leur en fit l'abandon gratuit. En somme il nous faut
arriver à ce décret pour rencontrer avec l'origine de
la propriété des départements le principe de leur personnalité. Le législateur de 1811, en faisant passer
dans le domaine départemental tous les bâtiments
affectés à des services publics (administration et tribunaux), mettait en même temps à sa charge les dépenses d'entretien et de réparation, de même que
l'acquittement des contributions assises sur ces édifices.

C'était là en fait une concession onéreuse, mais qui
établissait un principe dont les développements devaient être féconds.

Dès lors cependant que la loi reconnaissait aux
départements la qualité de propriétaires, il en résultait des conséquences forcées. Il fallait nécessairement
leur accorder la faculté de disposer de leurs biens, de
faire tous les actes conservatoires de leurs droits ;
ils devaient pouvoir vendre, échanger, transiger, acquérir, intenter des actions ou y défendre.

La loi du 10 mai 1838 eut pour mission de réglementer l'exercice de ce droit de propriété, et en le ré-
glementant, elle le reconnut par là même d'une façon
solennelle et définitive.

Que si on était tenté de nous demander pourquoi
une nouvelle loi a paru nécessaire là où il ne s'agissait que de régler des opérations de droit commun,
résultant du principe de la propriété, nous répon-

drions par ces quelques mots empruntés à l'exposé
des motifs de la loi de 1838 :

« Nos codes ont assimilé aux mineurs les commu-
» nautés de tout genre, depuis le domaine de l'Etat
» jusqu'aux communes, et la raison en est simple,
» car le propriétaire étant alors un être moral qui ne
» jouit pas pour lui seul, mais pour un ensemble de
» parties qui se modifient et se succèdent tous les
» jours, *il peut être considéré comme en état perma-*
» *nent de minorité.* »

# CHAPITRE IV

### Des attributions des conseils généraux.

———

#### APERÇU DE LA LÉGISLATION SUR CE POINT.

Nous avons dit déjà quelles étaient les attributions des assemblées départementales qui précédèrent la constitution de l'an VIII. Ces attributions étaient de peu d'importance, par suite même de ce double fait que les départements n'avaient alors ni propriété, puisqu'elle ne date à proprement parler que de 1811, ni budget, le leur ne se composant guère « que de dépenses constituant une véritable charge » de l'État, remises au département, avec des res- » sources pour y faire face, dans un intérêt de meil- » leure administration sans doute, mais aussi, il » faut le reconnaître, pour diminuer, du moins en » apparence, l'étendue des charges publiques (1). »

Cette observation peut s'appliquer avec non moins de justesse aux conseils généraux de l'an VIII.

Cependant, comme nous l'avons vu, la personnalité du département naissait avec son droit même de pro- priété. D'autre part, dès l'an XIII, une loi du 2 ven-

(1) Rapport de M. Busson-Billaut.

lésc, avait autorisé les conseils généraux à établir des impositions facultatives dans la limite fixée par la loi de finances. A mesure que leurs ressources croissaient, les départements se voyaient grevés de nouvelles dépenses : cadastre, instruction primaire, chemins vicinaux ; l'administration départementale prenait ainsi peu à peu une importance considérable. On pensa qu'il était nécessaire de la réglementer, de la renfermer dans ses véritables bornes. Ce fut l'objet de la loi du 10 mai 1838.

Cette loi limita les attributions des conseils généraux au département ; elle leur confia l'administration de ses intérêts, la gestion de ses biens, le vote de son budget, mais tout en proclamant « qu'elle » entendait s'affranchir de la *centralisation absolue* » qui n'était que l'abus de la puissance impériale ; » elle plaça les délibérations de ces assemblées non point seulement sous la surveillance, mais encore sous la tutelle la plus complète du gouvernement.

Ainsi les conseils généraux devaient agir de trois façons, par voie de décision, de délibération, d'avis ou de vœux. Or, les cas de décision étaient extrêmement peu nombreux. Ils se résumaient dans la répartition entre les arrondissements du contingent départemental et le jugement des réclamations, auxquelles elle donnait lieu ; le classement et direction des chemins vicinaux de grande communication ; le vote des centimes additionnels dont la perception était autorisée par les lois ; l'évaluation en argent des journées de travail constituant l'impôt personnel et celle des prestations ; la vérification des archives et

du mobilier du département; enfin la fixation du
traitement des agens-voyers nommés par le préfet.

Hors ces cas, les délibérations des conseils généraux devaient être soumises à l'approbation de
l'autorité judiciaire.

Cet état de choses ne fut modifié ni en 1848, ni
en 1852. Le décret des 25-30 mars de cette dernière
année, bien que portant le titre de *décret sur la décentralisation administrative*, n'élargissait en aucune
façon les droits de la représentation départementale; il se contentait de reporter, dans un très-grand
nombre de cas, l'approbation nécessaire à la validité de ses délibérations, du ministre au préfet.

C'était une simplification de rouages dans l'administration, mais non point une extension des libertés
provinciales.

Enfin en 1866 le gouvernement présenta aux
Chambres un projet de loi dont le but était, selon sa
propre expression, d'étendre les attributions des conseils généraux, et de leur donner, sous leur responsabilité, une liberté d'action plus grande, sans toutefois
porter atteinte aux droits légitimes de l'État.

« Il ne s'agit pas, disait le rapporteur de la com-
» mission dans la séance du 9 mai 1866, il ne pou-
» vait s'agir d'abandonner un système entré si pro-
» fondément dans nos mœurs et consacré par une
» longue et décisive expérience, encore moins de
» toucher à cette organisation politique qui assure
» la grandeur et l'unité de la France. Mais, à côté de
» cette centralisation politique des intérêts nationaux
» qui est hors de toute controverse, il a paru oppor-

» lui de diminuer notablement, la tutelle organisée
» par la loi de 1838, et de confier aux conseils gé-
» néraux la décision et par suite la responsabilité
» des affaires départementales, sans cesser de sauve-
» garder l'intérêt supérieur du pays. Ce n'est pas
» changer les bases de notre législation, c'est les
» élargir ; c'est marcher dans une voie déjà fé-
» conde, c'est simplifier et accélérer les affaires lo-
» cales en les décentralisant, tout en maintenant les
» grands principes constitutifs de l'administration
» française, c'est donner aux assemblées locales
» plus d'indépendance et d'autorité. »

Les pouvoirs des conseils généraux furent donc étendus par la nouvelle loi. Là où ils ne pouvaient agir auparavant que par voie de délibération, elle substitua dans la plupart des cas la décision ; elle diminua l'action du pouvoir central dans leur budget, et augmenta notablement leurs attributions en matière financière. Ce sont là évidemment de sages et utiles réformes. Elles constituent, ainsi que pouvait le dire en terminant le rapporteur de la commission chargé en 1866 de l'examen du projet de loi, « un *acte sagement libéral et un véritable progrès pour le pays.* »

## SECTION Iʳᵉ.

### DIVISION DE LEURS ATTRIBUTIONS.

Les attributions des conseils généraux sont de différente nature. Ils agissent tantôt comme déléguée, du pouvoir législatif, répartissant les impôts et statuant sur les demandes en réduction de contingent formées par les arrondissements ou les communes ; tantôt comme représentants du département, appelés en cette qualité à prononcer sur ses intérêts, et à voter dans les limites fixées par la loi, les dépenses départementales et les ressources nécessaires pour y faire face ; tantôt enfin comme conseil du gouvernement ; à ce titre ils émettent leur opinion sur certaines affaires qui intéressent à la fois le département et le pays.

C'est à ce triple point de vue que nous allons envisager leurs attributions (1) ; nous nous baserons pour faire cette étude sur le texte de la loi du 18 juillet 1866 et aussi sur toutes les dispositions des lois antérieures (celle notamment du 10 mai 1838), qui n'ont point été abrogées par elle.

## SECTION II.

DES CONSEILS GÉNÉRAUX DÉLÉGUÉS DU POUVOIR LÉGISLATIF.

Chaque année le budget de l'Etat contient le vote

(1) Cette division ne comprend pas d'une façon absolument complète les attributions des conseils généraux. Nous avons vu, en effet, qu'ils exerçaient, en dehors du temps fixé pour leurs sessions, certaines fonctions individuelles, nous pourrions ajouter, que dans un cas, au moins, celui prévu par la loi du 13 juin 1851, sur la garde nationale, ils forment une sorte de juridiction contentieuse, et qu'enfin la loi du 18 juillet 1866 leur reconnaît un *droit de tutelle sur les communes*. Mais ce sont là des attributions qui se rattachent à d'autres intérêts que ceux des départements, c'est pourquoi nous n'avons point jugé utile d'en former une section à part.

des impôts de répartition, indique la somme totale qu'ils doivent produire, fixe le contingent à payer par chaque département.

C'est au conseil général qu'il appartient alors de répartir cette somme entre les différents arrondissements.

Nous retrouvons ici le souvenir des pays d'état, des assemblées provinciales, des administrations de département; toutes les fois qu'il a existé en France à un degré quelconque une représentation nationale, on lui a avec raison confié le soin de répartir l'impôt entre les contribuables.

Pour effectuer ce travail, le conseil général s'aide des bases d'évaluation qui ont servi à la répartition des années précédentes, et principalement du rapport présenté par le directeur des contributions directes. Il peut tenir compte en outre des demandes en réduction de contingent formées par les conseils d'arrondissement. Il statue définitivement et en dernier ressort sur les demandes de même nature émanées des communes, et que les conseils d'arrondissement auraient préalablement repoussées. Ces derniers sont tenus de se conformer aux décisions du conseil général, faute de quoi le préfet en conseil de préfecture établit la répartition d'après lesdites décisions. En ce cas, la somme, dont la contribution de la commune déchargée se trouve réduite, est reportée au centime le franc sur toutes les autres communes de l'arrondissement (1).

(1) Art. 48, L. 10 mai 1838.

Qu'il s'agisse de réclamations formées par les communes ou les arrondissemens, les décisions des conseils généraux sont souveraines. On ne pourrait donc, se basant sur la loi des 7-14 oct. 1790 (1), former de recours contentieux au conseil d'Etat contre des actes de ce genre, car ces assemblées remplissent en pareil cas le rôle de délégués et représentants du Corps législatif. Ainsi que le faisait remarquer, du reste, M. Vivien, rapporteur de la loi du 10 mai 1838, celle du 22 juin 1833 a prévu et réglé les excès de pouvoir des conseils généraux et bien que cette voie ne soit ouverte qu'au chef de l'Etat, ce serait la seule à prendre.

Dans le cas où un conseil général ne se réunirait pas, ou se séparerait sans avoir arrêté la répartition des contributions directes, les mandements des contingents assignés à chaque arrondissement seraient délivrés par le préfet, d'après les bases de la répartition précédente, sauf les modifications à apporter dans le contingent en exécution des lois (2).

## SECTION III.

DES CONSEILS GÉNÉRAUX REPRÉSENTANTS DU DÉPARTEMENT.

Les conseils généraux sont chargés de l'adminis-

(1) « Les réclamations d'incompétence à l'égard des corps administratifs ne sont en aucun cas du ressort des tribunaux; elles seront portées au roi, chef de l'administration générale. » [Transporté au conseil d'Etat par la loi des 27 avril-25 mai 1791.

(2) Art. 27, L. 10 mai 1838.

tration du département au point de vue économique ;
ils le représentent dans ses intérêts, dans ses droits,
c'est là la partie la plus importante de leurs fonctions.

Pour faciliter l'étude que nous avons à faire de
cette matière, nous la diviserons. Nous traiterons en
premier lieu de la propriété départementale, de sa
gestion, des actions auxquelles elle peut donner lieu.
Dans une seconde section, nous envisagerons le département comme entrepreneur de travaux publics,
et nous nous arrêterons plus particulièrement sur la
question des routes départementales et chemins vicinaux. Enfin nous terminerons par l'exposé du
budget du département, ce rapide commentaire des
lois des 10 mai 1838 et 18 juillet 1866.

## § 1er. — *De l'administration de la propriété départementale.*

Nous ne reviendrons pas sur ce que nous avons
dit de la propriété départementale. Nous savons que
le décret du 9 avril 1811 attribuait aux départements la pleine propriété des édifices affectés au
service des administrations, des cours et tribunaux
et de l'instruction publique ; suivant certains auteurs, un autre décret du 16 décembre de la même
année leur aurait transmis celle des routes dites de
troisième classe, et depuis lors appelées routes départementales ; ils peuvent enfin, comme le ferait un
particulier, acquérir à titre onéreux ou à titre gra-

tuit, par voie de legs ou de donation, de vente ou d'échange.

Le domaine départemental se divise ainsi en propriétés productives ou non productives de revenus ; ces dernières se rattachant à des intérêts généraux restent en un certain point sous la surveillance de l'Etat. Les autres constituent le domaine privé du département, c'est plus particulièrement à elles que se rapportent les règles d'administration et de gestion dont nous allons parler.

*Mode de gestion des propriétés départementales. Baux des biens donnés ou pris à ferme ou à loyer.* Dans la discussion de la loi du 10 mai 1838, on avait proposé déjà de confier aux conseils généraux le soin de régler la gestion des propriétés du département productives de revenus ; le principe de la tutelle administrative fit alors rejeter cette proposition, et les délibérations prises sur ce point durent être soumises à l'approbation du ministre. Pour abréger des lenteurs inévitables, le décret du 25 mars 1852 remplaça le ministre par le préfet, donnant à ce dernier le droit de statuer et sur le mode de gestion, et sur les baux des biens départementaux. La loi de 1838 cependant ne soumettait à la délibération préalable des conseils généraux que la première de ces deux questions ; en fait, on les appelait toujours à délibérer sur les conditions du bail. Ce fut en 1866 seulement qu'on leur reconnut le droit de statuer définitivement et sur le mode de gestion des propriétés départementales, et sur les baux des biens donnés ou pris à ferme ou à loyer, quelle qu'on fût la durée (1). Quant aux formes mêmes du bail, on suit dans la pratique les prescriptions tracées par la loi des 28 oct.-5 nov. 1790 pour les biens du domaine de l'État; ce n'est du reste qu'une pratique, il en résulte que les actes passés en cette forme ne sauraient produire les effets juridiques que la loi précitée attache aux baux des domaines de l'État, c'est-à-dire la force exécutoire et l'hypothèque (2).

*Acquisitions, aliénations, échanges, changements de destination, transactions.* Sous l'empire de la loi du 10 mai 1838, les conseils généraux étaient appelés à délibérer sur les acquisitions (nous parlons ici des acquisitions à titre onéreux), aliénations et échanges des propriétés départementales; la délibération devait être soumise à l'approbation du préfet, ou du souverain en conseil d'État, suivant que la valeur du

(1) Art. 1er L. 18 juillet 1866.

(2) [Note.] D'après l'art. 13 de la loi des 28 octobre-5 novembre 1790, « le ministère des notaires n'était nullement nécessaire pour » la passation des baux faits par l'État, non plus que pour tous les » autres actes administratifs. Ces actes ainsi que les baux empor- » taient de plus hypothèque et exécution parée. » C'était là l'application d'une ancienne règle, en vertu de laquelle l'hypothèque générale était attachée de droit et sans convention aux actes authentiques. Le Code Napoléon ayant introduit tout un ensemble de dispositions nouvelles sur le régime hypothécaire, la seconde disposition de l'art. 13 ne saurait se soutenir. On admet généralement au contraire que la première subsiste et que par conséquent les baux faits par l'État peuvent, comme les actes notariés, contenir aujourd'hui encore des conventions d'hypothèque. Voir en ce sens Serrigny, *Traité de l'organisation, de la procédure et de la compétence en matière contentieuse administrative,* tome II, p. 608.

bien était en dessous ou en dessus de 20,000 fr. Le décret du 25 mars 1852, donnait dans tous les cas l'approbation au préfet. Poursuivant son œuvre de décentralisation, la loi du 18 juillet 1866 rendit encore ici la délibération des conseils généraux définitive, en ce qui touchait les aliénations ; toutefois elle y mit cette restriction que les biens aliénés ne seraient pas affectés à un des services publics suivants : hôtels de préfecture et de sous-préfecture, locaux occupés par les cours et tribunaux, gendarmeries, prisons.

Cette même restriction se retrouve dans le cas de changement de destination d'un immeuble appartenant au département. Ce sont également les mêmes règles.

Nous avons rattaché à ce paragraphe *les transactions* consenties par les conseils généraux. C'est qu'en effet toute transaction suppose de la part de l'une et de l'autre des parties intéressées, l'abandon de certains droits. On comprend donc que la loi du 10 mai 1838 fit intervenir en pareil cas une ordonnance du roi. Dès lors que les conseils généraux étaient appelés au contraire à statuer définitivement sur les aliénations des propriétés départementales, il devait en être de même des transactions. C'est aussi ce qu'a fait la loi du 18 juillet 1866.

La vente des biens départementaux a lieu, comme celle des biens de l'État, aux enchères avec concurrence et publicité (L. 15 floréal an X), encore qu'aucun texte n'impose formellement ce mode d'aliénation aux départements ; c'est là une simple pratique. Nous ferons donc ici la même réflexion que pour les baux ;

la force exécutoire attachée aux procès-verbaux d'adjudication des ventes domaniales ne saurait être transportée par analogie aux ventes départementales.

Tous les actes dont nous venons de parler sont
passés par le préfet dans la forme ordinaire des actes
sous seing privé, ou plus généralement par-devant
notaire ; ils sont soumis aux droits d'enregistrement
comme s'ils intéressaient des particuliers.

*Acceptation et refus des dons et legs.* — « En vertu
» de sa qualité de mineur, disait l'exposé des motifs
» de la loi de 1838, le département ne peut que déli-
» bérer sur l'utilité de l'acceptation ou de la renoncia-
» tion du legs. » Et comme en dehors de cette considération, se présentait encore celle de l'intérêt des
familles, le législateur exigeait que les délibérations du
conseil général en pareil cas fussent soumises à l'approbation du roi, le conseil d'État entendu. Le décret
du 25 mars 1852 substitua à la nécessité de l'approbation par l'empereur l'approbation par le préfet, toutes
les fois que la libéralité ne comportait aucune charge ni
affectation immobilière, et ne suscitait aucune réclamation de la part des familles. C'est encore sous ces
mêmes réserves que, d'après la loi du 18 juillet 1866,
le conseil général est appelé à statuer sur l'acceptation
ou le refus des dons ou legs faits au département.

*Actions à intenter ou à soutenir.* — Le mode d'exercice des actions départementales est réglé par les
art. 36 et 37 de la loi du 10 mai 1838, modifiée par
le décret du 25 mars 1852, Tab. A, n° 5, et la loi du
18 juillet 1866. Ici encore l'intervention des conseils
généraux qui jusqu'à cette dernière époque ne se tra-

duisait que sous forme de délibération nécessitant dans le premier état de la législation, l'autorisation du roi en conseil d'État, puis ensuite simplement celle du préfet, cette intervention est devenue souveraine. A eux seuls appartient de décider s'il y a lieu d'agir en justice, et c'est alors seulement, sauf le cas d'urgence, que le préfet chargé de représenter le département devant les tribunaux, peut intenter l'action ou y défendre.

En cas de litige entre le département et l'État, le préfet ne pouvant les représenter l'un et l'autre, l'action est alors intentée ou soutenue au nom du département par le membre du conseil de préfecture le plus ancien en fonctions.

Aucune action judiciaire, autre que les actions possessoires, ne peut, à peine de nullité, être intentée contre un département qu'autant que le demandeur a préalablement adressé au préfet un mémoire indiquant l'objet et les motifs de sa réclamation. Ce mémoire a pour but de suppléer au préliminaire de conciliation organisé par le Code de procédure, art. 48 et 49, § 1, et qui ne saurait s'appliquer dans l'espèce au département réputé mineur et incapable, et ne pouvant, comme tel, disposer librement de ses droits. Il est donné au demandeur récépissé de sa remise, et ce n'est qu'à l'expiration d'un délai de deux mois, à compter de la date du récépissé que l'action peut être portée, sans préjudice toutefois des actes conservatoires devant les tribunaux. « Durant cet intervalle, nous dit la loi (1), » le cours de toute prescription demeurera *suspendu.* »

(1) Art. 37, L. 10 mai 1838.

C'est par erreur évidemment que les rédacteurs de l'art. 37 ont employé cette expression. Il devrait en résulter en effet, quels quo fussent les événements ultérieurs, que le demandeur agît ou non, une cessation à son profit du cours de la prescription durant l'espace de deux mois. Est-ce cependant là le but que s'est proposé la loi ? Évidemment non. Ce qu'elle a voulu, c'est que le délai imposé au demandeur ne lui fut point préjudiciable, qu'à l'expiration des deux mois, il se trouvât, pour exercer son action, dans les mêmes conditions que s'il avait pû l'intenter immédiatement. Et la preuve que tel a bien été son intention, la preuve qu'elle n'a point entendu statuer pour le cas où la demande n'aurait pas de suite, la preuve enfin qu'il y a là non pas un cas de *suspension*, mais un cas d'*interruption* subordonné à l'exercice de l'action, c'est que l'article suppose évidemment que le mémoire a été suivi dans les deux mois d'une assignation. Que dit-il, en effet? que, durant *cet intervalle*, le cours de toute prescription demeurera suspendu. Mais de quel *intervalle* s'agit-il? de celui qui s'est écoulé entre le dépôt du mémoire, d'une part, et de l'autre le premier acte des poursuites. C'est là la confirmation de notre système, et la condamnation du langage employé par les rédacteurs de la loi.

§ II. — *Des travaux entrepris par les départements.*

En reconnaissant le principe de la personnalité départementale, en accordant aux départements une action propre, un domaine à part, le droit de se créer des ressources spéciales, le législateur de 1838 était forcément amené par là même, à envisager la question des travaux qu'ils pourraient entreprendre.

C'était encore aux conseils généraux que devait appartenir le soin de pourvoir à ces nouveaux intérêts ; mais ici, comme partout ailleurs, on ne le leur abandonna qu'avec la plus grande réserve, et accompagné de nombreuses restrictions.

On les appelait, il est vrai, à délibérer sur les projets, plans et devis de tous les travaux dont l'exécution entraînait l'emploi des fonds départementaux ; cette délibération toutefois devait être approuvée par le préfet lorsque la dépense projetée n'excédait pas 50,000 fr., et au-dessus par le ministre.

Le décret du 25 mars 1852 réserva l'approbation au préfet, dans tous les cas, sauf dans ceux où l'exécution du projet engageait la question de système ou de régime intérieur en ce qui concernait les prisons départementales et les asiles d'aliénés.

La loi du 12 juillet 1866 rendit la délibération des conseils généraux définitive en ces matières. Considérant que le droit de voter les travaux à la charge des départements et les ressources affectées à leur exécution, supposait, par une conséquence logique, la faculté de déterminer *le mode d'exécution* de ces travaux et les *services qui en seraient chargés*, la commission proposa en ce sens un amendement adopté par le conseil d'État et qui est devenu le § 10 de l'art. 1<sup>er</sup> de la loi.

Ce paragraphe contient une exception à l'égard des routes départementales qui restent confiées, conformément à l'art. 24 du décret du 16 décembre 1811 au service des ponts et chaussées.

Toutes les fois du reste que la *concession* sera la forme d'exécution adoptée, on devra appliquer les règles tracées par l'ordonnance du 4 décembre 1836, c'est-à-dire l'adjudication par soumission cachetée et au rabais.

Tel est dans son ensemble l'exposé de la législation sur les travaux entrepris par les départements, et le rôle des conseils généraux dans ces matières ; sans vouloir faire de ces principes une application particulière à tous les travaux d'utilité départementale, nous devons signaler cependant certains d'entre eux dont l'importance et le caractère spécial ont nécessité de la loi elle-même une réglementation plus complète, nous voulons parler des routes départementales et des chemins vicinaux.

### A. DES ROUTES DÉPARTEMENTALES.

La création des *routes départementales* date, nous le savons, du décret du 16 décembre 1811. Il n'y avait eu jusqu'à cette époque en France que des routes entretenues aux frais de l'État ; le nouveau décret les divisa en deux classes : routes royales et routes départementales et déclara que ces dernières, qu'il s'agît de reconstruction, ou d'entretien, seraient exclusivement à la charge des départements.

On s'est demandé quelle était exactement la portée de ce décret. Avait-il eu simplement pour objet, en déclassant une partie des routes royales, de dé-

charger d'autant le budget de l'État„ ou plutôt n'é-
tait-ce pas un véritable transport de propriété qu'il
avait opéré au profit des départements, imitant en
cela ce qu'avait fait pour les bâtiments affectés à un
service public le décret du 9 avril de la même
année? L'intérêt de la question se présente à un
double point de vue, soit qu'on se place dans l'hypothèse du déclassement le plus souvent partiel d'une
route, et qu'il s'agisse de savoir à qui appartiendront
les parcelles déclassées, soit, et ce sera là le cas le
plus fréquent, que le département et l'État réclament
l'un et l'autre le produit de l'élagage et de l'abattage
des arbres plantés sur le sol même de la route.

Le conseil d'État, dans plusieurs avis, s'est toujours
prononcé contre les droits des départements par ce
motif que nulle part dans le décret il n'est question
de cession de propriété (1). Toutefois, en fait, les
instructions ministérielles prescrivent de leur abandonner comme compensation des frais d'entretien,
l'abattage et l'élagage des arbres, en même temps
que le prix des parcelles de routes déclassées et ven-
dues. Ce n'est là, du reste, qu'une tolérance de l'administration.

Il est presque inutile d'ajouter que la doctrine du
conseil d'État ne peut se comprendre qu'autant qu'elle
s'applique aux routes déclassées par le décret du
16 décembre 1811 ; elle serait au contraire inapplicable à celles qui ont été créées depuis par les départements, et même aux routes impériales individuelle-

(1) Avis du conseil d'État du 27 août 1831. — Balbie, *Précis
du cours de droit public et administratif*, p. 279.

ment déclassées depuis 1811 et converties en routes départementales (1).

Le décret du 16 décembre 1811 autorisait, comme nous l'avons vu, les départements à se créer de nouvelles routes. Ce résultat peut s'obtenir de plusieurs façons, soit qu'on ouvre une voie de communication non encore existante, soit qu'on fasse passer de la petite dans la grande voirie des chemins déjà établis, soit enfin qu'on convertisse une route impériale en route départementale. Dans tous ces cas, le conseil général, sous l'empire de la loi du 10 mai 1838, n'était jamais appelé à intervenir que par voie de délibération ; sa délibération devait toujours être approuvée par décret. Il fallait, du reste, qu'il y eût consentement de sa part à l'exécution du projet, ainsi que cela résulte notamment d'une loi du 20 mars 1835, dont l'art. 1ᵉʳ porte « qu'à l'avenir, aucune route ne pourra
» être classée au nombre des routes départementales
» sans que *le vote* du conseil général ait été précédé
» d'une enquête. »

Cette enquête, nécessaire pour éclairer le gouvernment sur l'utilité et l'opportunité du projet, est, de plus, lorsqu'il s'agit d'ouvrir une route, le préambule nécessaire du décret d'expropriation (2). Ajoutons que s'il était question de la conversion d'un chemin vicinal en route départementale, il faudrait en outre obtenir une délibération conforme des conseils muni-

(1) Cela nous paraît résulter incontestablement de l'article fin. L. 14 mars 1812.
(2) L. 7 juillet 1833 ; L. 3 mai 1841.

cipaux (1) ; les conseils d'arrondissement doivent enfin, dans tous les cas, être appelés à donner leur avis.

La loi du 18 juillet 1866 a apporté d'importantes modifications dans ces matières.

En vertu de son art. 1", les conseils généraux statuent définitivement aujourd'hui sur le classement et la direction des routes départementales, lorsque le tracé desdites routes ne se prolonge pas sur le territoire des départements voisins. Ils statuent de même sur les projets, plans et devis des travaux à exécuter pour leur construction, rectification ou entretien ; sur les offres faites par des communes, des associations ou des particuliers pour concourir à la dépense ; sur le déclassement enfin de ces mêmes routes, sous réserve de l'exception que nous avons signalée plus haut. Sur aucun de ces points, le conseil général n'avait, antérieurement à la loi nouvelle, un pouvoir réglementaire ; un décret approuvant ces délibérations était nécessaire pour le classement ou le déclassement (2).

La nécessité du décret subsiste, nous l'avons vu par les réserves mêmes de la loi, lorsque la route qu'il s'agit soit de classer, soit de déclasser, a son prolongement (route départementale ou chemin vicinal) sur le territoire d'un département voisin. En pareil cas, entre des intérêts divers et pouvant se contredire, le gouvernement reste juge (3).

(1) Décret 16 décembre 1811.

(2) Décret 16 déc. 1811 L. 10 mai 1838. Décret 25 mars 1852. Décret 24 février 1864 sur les travaux des routes départementales.

(3) Il faudrait également encore un décret dans le cas de con-

Et si même, étant donné un projet de route dont l'exécution intéresserait deux ou plusieurs départements, le conseil général de l'un d'eux se refusait à le voter, la loi du 25 juin 1841 offre le moyen de venir à bout d'une résistance mal fondée. Le classement ou l'exécution de la voie projetée peuvent être ordonnés par une loi, déterminant la proportion dans laquelle chaque département intéressé contribuera aux dépenses de construction et d'entretien; la loi elle-même devrait être précédée d'une enquête dont les formes ont été réglées par l'ordonnance du 7 septembre 1842.

Les conseils généraux auxquels on reconnaît le droit de créer les routes départementales, de déterminer leur direction, de voter les ressources destinées à y pourvoir, n'ont pas le choix des agents chargés de leur exécution. Après une vive discussion au sein de la commission, l'amendement présenté au Corps législatif et adopté par lui a été ainsi formulé : « Les » conseils généraux statuent définitivement, sur la désignation des services auxquels sera confiée l'exécution des travaux sur les chemins vicinaux de grande communication et d'intérêt commun, et le mode » d'exécution des travaux à la charge du département » *autres que ceux des routes départementales.* » Nous restons donc, à ce point de vue, sous l'empire du décret du 16 décembre 1811, c'est aux *ingénieurs des ponts et chaussées* qu'est remis le soin de dresser les plans et devis, de déterminer le mode d'exécution des travaux, de les surveiller et de présider à leur réception.

version d'une route impériale en route départementale (Décr. 16 déc. 1811 et L. 24 mars 1842).

## B. CHEMINS VICINAUX.

Les chemins vicinaux sont les voies nécessaires à la communication des communes. Ils se divisent suivant leur importance en trois catégories : chemins vicinaux *de grande communication*, chemins vicinaux *d'intérêt commun*, chemins vicinaux *ordinaires*. Dès lors qu'ils ont été reconnus comme tels, ils se trouvent à la charge des communes et deviennent une des dépenses obligatoires de leur budget (1). C'est là, entre autres différences, ce qui les distingue des chemins ruraux.

Nous n'avons à les envisager ici que dans leurs rapports avec l'administration départementale, et au point de vue surtout des attributions que la loi confère dans ces matières aux conseils généraux.

Les conseils généraux interviennent de deux façons dans l'administration de la vicinalité communale, ou *petite voirie* ; ils sont chargés en premier lieu de déterminer le classement et la direction des chemins vicinaux *de grande communication* et depuis la loi du 18 juillet 1866 des chemins *d'intérêt commun*. Ils peuvent, de plus, voter des subventions sur les fonds départementaux pour l'exécution ou l'entretien des chemins vicinaux, quels qu'ils soient.

Cette double intervention est motivée par ce fait que la petite voirie est le complément nécessaire de la viabilité départementale ; il importait qu'au dessus des

(1) Art. 1er, L. 21 mai 1836.

intérêts propres à chaque communauté fut placée une autorité supérieure, chargée de représenter dans ces questions les intérêts généraux du département.

« ... Les chemins vicinaux peuvent, selon leur im-
» portance, nous dit la loi du 21 mai 1836, être dé-
» clarés chemins vicinaux de grande communication
» par le conseil général, sur l'avis des conseils muni-
» cipaux, des conseils d'arrondissement et sur la pro-
» position du préfet.

» Sur les mêmes avis et proposition, le conseil gé-
» néral détermine la direction de chaque chemin, et
» désigne les communes qui doivent contribuer à sa
» construction et à son entretien. » (Art. 7.)

Ainsi que nous le remarquions plus haut, les dispo-sitions que nous venons de citer ont été étendues par la loi du 18 juillet 1866 aux chemins *d'intérêt commun*. Cette mesure a été motivée par l'importance considérable que ces voies de communication, à peine désignées dans la loi de 1836 (1), ont pris, depuis cette époque, principalement sous l'influence du dé-cret du 18 août 1861, qui alloue à leur dépense une somme de 25 millions.

Ajoutons que, sur ces différents points, l'initiative a été transportée du préfet aux conseils généraux par la loi du 18 juillet 1866.

A quelque catégorie qu'ils appartiennent, les che-mins vicinaux sont à la charge des communes. C'est même au préfet seul qu'il appartient de déterminer la proportion dans laquelle chacune d'elles doit con-

(1) Art. 6, L. 21 mai 1836.

courir à l'entretien de la ligne vicinale dont elle
dépend (1). On a considéré qu'il s'agissait là d'intérêts purement communaux et que l'immixtion des
conseils généraux dans ces questions pourrait sou-
lever des difficultés.

Mais si les chemins vicinaux sont à la charge des
communes, les départements intéressés à leur création
et à leur entretien peuvent les subventionner (2). La
distribution de ces subventions appartenait autrefois au
préfet, qui devait en rendre compte chaque année au
conseil général et du reste lui communiquait généralement, dans la pratique, le projet de distribution
qu'il se proposait de faire. En déclarant que dorénavant le soin de répartir les subventions départementales appartiendrait aux conseils généraux, la loi du
18 juillet 1866 n'a donc eu qu'à sanctionner un ancien état de choses. Dans l'exercice de leur nouveau
pouvoir les conseils généraux devront tenir compte
des ressources, des sacrifices et des besoins des communes, et, afin qu'ils aient, à ce point de vue, une plus
entière connaissance de la situation financière de
chacune d'elles, l'art. 5 de la loi exige que le préfet
« leur présente chaque année, le relevé de tous les em-
» prunts communaux et de toutes les contributions
» extraordinaires communales votées depuis la ses-
» sion précédente; l'indication du chiffre total des

---

(1) Art. 7, L. 21 mai 1836.

(2) « Les chemins vicinaux de grande communication et dans les
» cas extraordinaires les autres chemins vicinaux pourront recevoir
» des subventions sur les fonds départementaux. » Art. 5, L. 21 mai
1836.

» centimes extraordinaires et des dettes dont chaque
» commune est grevée ; enfin le compte annuel de
» l'emploi des ressources municipales affectées aux
» chemins vicinaux de grande communication et
» d'intérêt commun. »

Outre les ressources des communes, outre les subventions du département, les fonds nécessaires à l'entretien ou à la construction des chemins vicinaux peuvent être spontanément offerts par des particuliers, des associations ou des communes intéressés à leur existence. Aujourd'hui encore, c'est au préfet seul à statuer sur ces offres.

Nous ne terminerons pas cet exposé des ressources ouvertes aux communes pour l'exécution des travaux de vicinalité communale, sans dire rapidement quelques mots de la loi du 11 juillet 1868. Cette loi établit au profit des communes une double subvention, l'une de 100, l'autre de 15 millions, toutes deux payables à dater de 1869 en 10 ans, par annuités, réparties entre les départements par décret délibéré en conseil d'État, et dans chaque département par les conseils généraux, destinées à l'achèvement, la première des chemins vicinaux ordinaires, la seconde des chemins d'intérêt commun ; l'une et l'autre pouvant être, sur une délibération des conseils généraux approuvée par décret, appliquées pour moitié aux chemins de grande communication dans les départements dont le centime n'excède pas 20,000 fr.

D'autre part, en vertu de la même loi, une caisse créée sous la garantie de l'État est chargée de faire pendant 10 ans aux communes dûment autorisées à

cet effet, les avances nécessaires pour l'achèvement
des chemins vicinaux ordinaires. Prévoyant le cas
où certaines d'entre elles, trop pauvres, ne pourraient présenter les garanties nécessaires, la loi autorise les départements à emprunter en leur lieu et place,
et leur permet enfin à eux-mêmes (à ceux du moins
dont le centime est inférieur à 20,000 fr.) de faire
des emprunts à la caisse pour l'achèvement de leurs
chemins vicinaux de grande communication ou d'intérêt commun actuellement classés.

On voit quelle part les conseils généraux sont appelés à prendre dans l'exécution de la loi du 11 juillet
1868 ; cette considération et l'importance même de
la loi ne nous permettaient pas de la passer sous
silence.

Les conseils généraux ont le droit de désigner les
services auxquels sont confiées la surveillance et
l'exécution des travaux entrepris sur les chemins de
grande communication et d'intérêt commun. Ils peuvent ainsi choisir entre *les ingénieurs des ponts-et-
chaussées et les agents voyers du département*. C'est
également à eux qu'il appartient de statuer sur le
déclassement comme sur le classement des chemins
dont nous venons de parler. Il n'y aurait d'exception
à cette règle que dans le cas où le tracé se prolonge-
rait sur le territoire des départements voisins. Bien que
la loi ne désigne pas l'autorité chargée de prononcer
en pareille circonstance, l'analogie qu'elle établit entre
le déclassement des routes départementales et celui des
chemins vicinaux, peut nous permettre de décider

qu'il en serait dans un cas comme dans l'autre, et qu'on devrait toujours recourir à un décret (1).

Nous avons ainsi terminé l'examen de cette partie de l'administration des conseils généraux qui a trait à la gestion des intérêts domaniaux des départements, et à l'exécution de leurs travaux. Nous avons suivi les progrès de la législation, tendant à élargir de plus en plus dans ces matières les attributions des assemblées départmentales, leur accordant enfin, en 1866, le droit de décider d'une façon définitive là où elles n'intervenaient auparavant que par voie de délibération.

Toutefois, il faut le remarquer, les décisions des conseils généraux, bien qu'étant définitives, ne sont point souveraines. D'après l'art. 1ᵉʳ de la loi de 1866, celles d'entre elles qui ont trait au classement et à la direction des routes départementales, des chemins vicinaux de grande communication et d'intérêt

(1) A côté des routes départementales et des chemins vicinaux sont venus se placer depuis la loi du 24 mai 1836 de nouvelles voies de communication pour les départements, nous voulons parler des *chemins de fer d'intérêt local*. L'ensemble des règles relatives à leur construction, à leur exploitation, aux ressources destinées à y pourvoir, à l'autorité chargée de les approuver, etc., sont renfermées dans la loi du 12 juillet 1865. Nous nous contenterons de dire ici que les chemins de fer d'intérêt local peuvent être établis, soit par les départements ou les communes avec ou sans le concours des propriétaires intéressés, soit par des concessionnaires avec ou sans le concours des départements ou des communes, et que les ressources créées par la loi du 21 mai 1836 leur sont applicables. Ils sont votés par les conseils généraux qui déterminent leur direction, le mode et les conditions de leur construction, ainsi que les traités et les dispositions nécessaires, pour en assurer l'exploitation.

commun, aux projets, plans et devis de tous les travaux à exécuter sur les fonds départementaux, celles
enfin qui se rattachent à certains services dont nous
traiterons plus loin, je veux parler des *aliénés* et des
*enfants assistés*, ces décisions ne sont exécutoires que
si dans le délai de 2 mois à dater de la clôture de la
session, un décret impérial n'est point venu en suspendre l'exécution.

En outre, les délibérations par lesquelles les conseils
généraux statuent définitivement peuvent toujours
être, dans le même délai, annulées pour excès de
pouvoir, pour violation d'une disposition de la loi
ou d'un règlement d'administration publique.

C'est dans cette dernière forme que doit être rendu
le décret qui prononce l'annulation.

Tels sont les droits du gouvernement sur les délibérations *réglementaires* des conseils généraux; son
pouvoir presque nul en ces matières est infiniment plus
étendu à l'égard des délibérations *simples*, ces dernières restant soumises à son approbation.

Nous avons vu déjà qu'il en était ainsi lorsqu'il
s'agissait d'acquisitions, aliénations, échanges, changements de destination de propriétés départementales
affectées à un des services publics énoncés dans
l'art. 1 (§ 4) de la loi du 18 juillet 1866; de dons ou
legs faits aux départements avec charge ou affectation
immobilière ou donnant lieu à des réclamations, etc.
Il en est encore de même dans le cas où la délibération a trait à l'organisation des caisses de retraite
des employés de préfecture ou de sous-préfecture;
aux comptes du préfet; au vote des contributions

extraordinaires ou des emprunts, à celui du budget.

C'est ainsi que nous arrivons à la dernière partie de notre étude sur l'administration départementale.

### § 3. — *Budget départemental.*

Nous avons vu plus haut comment l'Assemblée constituante, préoccupée avant tout de donner à la France une administration essentiellement une, s'était efforcée de détruire dans les souvenirs et dans les faits tout ce qui aurait pu rappeler ou faire revivre l'existence des anciennes provinces et de leurs assemblées.

Il en résulta que les départements furent surtout des circonscriptions administratives, et les représentations locales, bien plus des agents du pouvoir central chargés de contribuer sous sa surveillance et son autorité à la marche générale de l'administration, que des mandataires du pays, ayant pour mission de gérer les intérêts et les biens propres à chacune des nouvelles divisions territoriales.

Sous l'empire de ces idées, le budget départemental ne devait comprendre, et il ne comprenait en effet, que des dépenses constituant une véritable charge de l'État, remises au département avec des ressources pour y faire face, uniquement dans le but de simplifier l'administration.

Le principe même de ce budget était néanmoins posé. Bientôt la loi du 11 frimaire an VII déterminait d'une façon plus certaine ses limites et les ressources spéciales dont il pouvait disposer, ressources

se composant de centimes additionnels aux contributions, foncière et personnelle-mobilière, auxquels
venaient se joindre en ce cas de déficit, un *fonds de
supplément* et un *fonds commun.*

Plus tard un arrêté des consuls du 25 vendémiaire,
an X et une loi du 13 floréal de la même année divisaient les dépenses départementales en dépenses
*fixes*, sur la quotité desquelles les conseils généraux n'avaient plus à délibérer mais à donner simplement un avis, et en dépenses *variables* ayant un
caractère plus particulièrement local. La loi du
2 ventôse an XIII les autorisait à établir des impositions facultatives. Enfin la loi de finances de 1837
transférait au budget de l'État les dépenses qui se
rattachaient aux intérêts généraux du pays, et les
centimes nécessairement affectés à leur payement, ne
laissant plus dès lors au budget départemental que
les dépenses dites *variables*, certaines autres *spéciales*
telles que le *cadastre*, l'*instruction primaire*, les *chemins
vicinaux*, enfin les dépenses extraordinaires, les unes
et les autres créées peu à peu, dans la période de
temps écoulée depuis l'an XII.

De tout cela naissait une certaine complication
que le législateur de 1838 s'efforça de simplifier.

## A. Loi du 10 mai 1838.

Sous l'empire de cette loi, le budget départemental
se divisait en six sections; chacune d'elles comprenant
une classe particulière de dépenses avec des recettes
correspondantes.

Dans la première rentraient les dépenses ordinaires, dans la seconde les dépenses facultatives; dans la troisième les dépenses extraordinaires, les trois autres s'appliquaient à des services spéciaux : chemins vicinaux (1), instruction primaire (2), cadastre (3).

Les dépenses ordinaires étaient soigneusement énumérées par la loi. Elles comprenaient : les grosses réparations et l'entretien des édifices départementaux; les contributions dues par les propriétés départementales (l'impôt de main morte notamment, qui est de 62 1/2 par franc du principal de la contribution foncière, L. 22, fév. 1849); le loyer des hôtels de préfecture et de sous-préfecture, à supposer qu'ils n'appartinssent pas au département; l'ameublement et l'entretien du mobilier de l'hôtel de préfecture, des hôtels de sous-préfecture (depuis un décret de 1852) et de leurs bureaux; le casernement ordinaire de la gendarmerie; les loyer, mobilier et menues dépenses des cours et tribunaux et les menues dépenses des justices de paix (4); le chauffage et l'éclairage des corps de garde des établissements départementaux; les travaux d'entretien des routes départementales et des ouvrages d'art qui en font partie; les dépenses des enfants trouvés et abandonnés (5), ainsi que celles

(1) L. 21 mai 1836 sur les chemins vicinaux.

(2) L. 28 juin 1833 sur l'instruction primaire. L. 15-27 mars 1850.

(3) L. 31 juillet 1821.

(4) On ne doit entendre par ce mot de *cours*, que les cours d'assises, les frais concernant les cours impériales restant à la charge de l'État. (Loi de finances de 1838.)

(5) *Enfants assistés*. La loi fondamentale en cette matière est le décret du 19 janvier 1811 qui s'occupe de réorganiser le service

des aliénés (1), pour la part afférente au département

des *enfants trouvés ou abandonnés* et *orphelins pauvres*, dénominations remplacées depuis (décret 13 avril 1811, L. 18 juillet 1866) par celles d'*enfants assistés*. D'après le décret de 1811 ces enfants doivent être recueillis dans des hospices désignés à cet effet par le préfet dans chaque arrondissement ; on les y élève pendant 6 ans, après quoi ils sont autant que possible mis en pension chez des cultivateurs ou des artisans, enfin à 12 ans, placés en apprentissage. Les dépenses qu'entraîne leur éducation sont à la charge des hospices, des départements et des communes. Chaque année le préfet remet au conseil général un rapport détaillé sur la dépense présumée des *enfants assistés*, et les moyens d'y pourvoir. Le conseil vote la somme à allouer pour ce service, fixe la part contributive des communes, et indique les bases de la répartition entre elles. Comme les départements, cependant, tendaient à diminuer leur charge au détriment des communes, des circulaires ministérielles avaient prescrit de ne pas élever la part de ces dernières au-delà d'un cinquième. Une loi des 5-12 mai 1869 est enfin venue régler elle-même la proportion dans laquelle les communes contribueraient à la dépense. Cette même loi en a exempté les hospices, et a remplacé leur concours par celui de l'État.

À part ce que nous venons de dire, les délibérations des conseils généraux sur tout ce qui intéresse le service des enfants assistés sont aujourd'hui définitives, à moins qu'elles n'aient été suspendues par décret dans le délai de deux mois. (Art. 2 L. 18 juillet 1866.)

(1) *Aliénés*. D'après la loi du 30 juin 1838, tout département est tenu d'avoir un établissement spécialement destiné à recevoir et soigner les aliénés, ou de traiter à cet effet avec un établissement public ou privé, de sa circonscription ou d'un département voisin. Les frais nécessaires au transport et à l'entretien des aliénés dans ces établissements doivent être à la charge de l'individu d'abord, de ceux de ses parents qui ont avec lui des rapports alimentaires, et en cas d'insuffisance de ces ressources, de la commune et du département. C'est au conseil général qu'il appartient de déterminer la proportion dans laquelle communes et département doivent contribuer à la dépense. Ce droit résulte pour lui de la loi du 18 juillet 1866, qui l'autorise à statuer définitivement sur les recettes et dépenses des établissements d'aliénés appartenant au département,

conformément aux lois ; les frais de route accordés aux voyageurs indigents ; les frais d'impression et de publication des listes électorales et du jury ; les frais d'impression des budgets et des comptes de recettes et dépenses des départements ; les frais de confection des tables décennales de l'état civil pour la portion mise à la charge des départements ; les frais relatifs aux mesures propres à arrêter le cours des épidémies et épizooties ; les primes fixées par les réglements pour la destruction des animaux nuisibles ; les dépenses de garde et de conservation des archives du département.

Nous ne rappellerons ici que pour mémoire les dépenses ordinaires des prisons départementales, les frais de transport des vagabonds, détenus et forçats libérés, enfin les frais de tenue des colléges et assemblées électorales, ces dépenses ayant été mises, les deux premières, en 1855, à la charge de l'Etat, et la dernière à celle des communes, depuis que les élections ne se font plus par canton.

et lui donne l'approbation des traités dont nous parlions plus haut.

Les délibérations des conseils généraux définitives sur ce point peuvent être cependant suspendues par décret, dans un délai de 2 mois à dater de la clôture de la session.

Ainsi que le fait remarquer une instruction du ministre de l'intérieur, « les attributions nouvelles que la loi du 18 juillet délègue » aux conseils généraux, en ce qui touche les aliénés, sont exclusi- » vement financières. Il n'en pouvait être autrement, car à côté » et au-dessus de la question de budget, le service des aliénés » contient des questions de police, d'ordre public, et de liberté indi- » viduelle, qui appellent au premier chef l'action des ministres res- » ponsables et celle des agents placés sous leur autorité. » (Instruction du ministre de l'intérieur du 4 août 1866.)

Tel était, en y ajoutant les dettes contractées pour les besoins des mêmes services, l'ensemble des dépenses ordinaires des départements. On les nommait *obligatoires*, en ce sens que le gouvernement pouvait les inscrire d'office au budget, les augmenter, les modifier, jusqu'à concurrence des recettes destinées à y pourvoir.

Ces recettes se composaient :

1° Des centimes affectés à cet emploi par la loi de finances, et obligatoirement établis par elle chaque année, sans que le conseil général eût à les voter. Ils étaient de 10 centimes 1/2 portant sur le principal des contributions foncière et personnelle-mobilière.

2° De la part afférente au département dans le fonds commun. On entendait par là un fonds de secours formé de 7 centimes additionnels au principal des deux mêmes contributions, mis à la disposition du ministre de l'intérieur, pour être réparti chaque année par lui, sous l'approbation de l'Empereur, entre les départements les plus pauvres. Il ne devait être appliqué qu'à couvrir l'excédant des dépenses obligatoires.

3° Des produits éventuels énoncés aux n° 6, 7 et 8 de la loi du 10 mai 1838, comprenant : le produit des propriétés départementales affectées à un service public, tels que l'élagage ou l'abattage des arbres plantés le long des routes ; le produit des expéditions d'anciens actes déposés aux archives de la préfecture, et enfin les ressources résultant des droits de péage autorisés par le gouvernement au profit des départements (1).

La 2ᵉ section comprenait les dépenses *facultatives*. On entendait par là certaines dépenses d'utilité départementale autres que celles énumérées dans la première section. Les principales avaient trait soit aux travaux de construction ou reconstruction des édifices départementaux, soit aux ouvertures de routes. On y voit figurer également des subventions aux communes, des fonds d'encouragement et de secours, des dépenses d'assistance publique, enfin les dettes relatives aux différents services appartenant à cette section.

Il était pourvu à ces dépenses au moyen :

1° Des centimes additionnels que les conseils généraux avaient la faculté de voter dans la limite du maximum annuellement fixé par la loi de finances. Ce maximum était de 10 centimes 1/2 portant sur le principal des contributions foncière et personnelle-mobilière.

2° Des revenus et produits des propriétés départementales autres que celles affectées à un service public (eaux-thermales, fermes-écoles, etc.)

En outre une disposition de la loi du 10 mai 1838, abrogée par la loi de finances de 1850, portait qu'après épuisement du maximum des centimes facultatifs et des autres recettes affectées au payement des dépenses de la 2ᵉ section, une portion du fonds com-

---

(1) Depuis 1859, les droits de péage avaient cessé de faire partie de la première section, on les rattachait à la seconde.

— 218 —

mun pourrait être distribuée chaque année aux départements, à titre de secours, pour complément de la
dépense des travaux de construction des édifices départementaux d'intérêt général, et des ouvrages d'art,
dépendant des routes départementales.

Aucune dépense ne pouvait être inscrite d'office
dans la seconde section, et les allocations qui y étaient
portées par le conseil général n'étaient susceptibles
d'aucune modification, de la part de l'ordonnance
royale qui approuvait le budget. Toutefois, si le conseil général avait omis ou refusé d'inscrire dans cette
section les dettes qui en faisaient partie, le gouvernement conservait le droit de les y porter d'office, et à
défaut de ressources, de pourvoir à leur acquittement
au moyen d'une contribution extraordinaire établie
par une loi spéciale.

Dans la troisième section rentraient les dépenses
extraordinaires, c'est-à-dire celles qui avaient plus
particulièrement un caractère accidentel. On y pour-
voyait tant par des emprunts que par des centimes extraordinaires. Dans ces matières, les pouvoirs des
conseils généraux étaient très-limités; contributions
extraordinaires et emprunts devaient toujours être approuvés par une loi.

Les sections suivantes avaient trait aux dépenses
spéciales des chemins vicinaux, de l'instruction primaire et du cadastre.

*Chemins vicinaux.* Nous savons que, d'après l'art. 8
de la loi du 21 mai 1836, les chemins vicinaux de
grande communication, et dans les cas extraordinaires
les autres chemins vicinaux peuvent recevoir des sub-

ventions sur les fonds départementaux. Ces subventions, dépense purement facultative du reste pour le département, formaient, dans le budget de 1838, la quatrième section. Il y était pourvu au moyen d'un certain nombre de centimes additionnels spéciaux créés par la loi du 21 mai 1836, portant sur chacune des quatre contributions directes et votés par le conseil général dans la limite du maximum annuellement fixé par la loi de finances.

*Instruction primaire.* Toute commune, aux termes de l'art. 35 de la loi du 15 mars 1850, doit entretenir une ou plusieurs écoles primaires. Lorsque, par suite de l'insuffisance de leurs revenus, elles ne peuvent remplir cette obligation, c'est au département à leur venir en aide sur ses ressources ordinaires d'abord, et, en cas d'insuffisance, au moyen d'une imposition spéciale votée par le conseil général ou, à défaut du vote de ce conseil, établie par décret. Cette imposition, autorisée chaque année par la loi de finances, ne pouvait, en vertu de la loi de 1850, excéder 2 centimes additionnels au principal des quatre contributions directes ; elle a été augmentée d'un troisième centime par la loi du 10 avril 1867 (1).

Outre ces subventions destinées à venir en aide aux écoles primaires communales, le département est encore tenu, toujours en vertu de la même loi, de pourvoir au recrutement des instituteurs communaux, en entretenant des élèves-maîtres soit dans les établissements d'instruction primaire désignés par le conseil

_______

(1) Loi du 10 avril 1867 sur l'enseignement primaire.

académique, soit dans l'école normale qu'il a pu créer à cet effet.

Les dépenses d'instruction primaire dont nous venons de parler étaient l'une et l'autre obligatoires, et formaient la cinquième section.

*Cadastre.* La dernière enfin se composait des dépenses relatives à la confection du cadastre ; il devait y être pourvu d'après la loi du 31 juillet 1821 au moyen de 5 centimes maximum additionnels au principal de la contribution foncière.

Tel est, dans son ensemble, l'exposé des recettes et dépenses constituant, sous l'empire de la loi du 10 mai 1838, le budget départemental. Il nous suffira d'étudier rapidement le mécanisme de ce budget pour voir combien ici encore étaient limités le vote et l'action des conseils généraux.

Non-seulement c'était un décret qui l'approuvait dans son entier, mais s'il s'agissait de dépenses *obligatoires*, ce décret pouvait les modifier comme il l'entendait. Il inscrivait les dépenses d'office, déterminait les crédits destinés à y pourvoir, sans être retenu par d'autre obligation que celle de se renfermer dans la limite des ressources établies par la loi.

S'agissait-il des dépenses *facultatives*, sans doute ici les pouvoirs du gouvernement paraissent moins étendus ; en fait, cependant, ces dépenses qu'il ne pouvait modifier, il les réduisait quand il lui plaisait, en se basant sur cette idée que s'il lui était permis de les rejeter pour le tout, *à fortiori* pouvait-il les modifier pour partie.

Et ce n'était pas seulement dans le vote du budget

qu'apparaissait l'action du pouvoir central, son intervention se produisait même en cours d'exercice par
suite du système des *virements*. On entend par là le
transport d'un crédit ouvert pour une dépense inscrite au sous-chapitre d'une section à un autre
sous-chapitre de la même section. C'est là un moyen
d'équilibrer les recettes et les dépenses, et d'éviter
les annulations de crédit. Or, d'après le décret du
25 mars 1852, le préfet, toutes les fois qu'il ne s'agissait pas d'une dépense nouvelle à introduire, et dans
les autres cas le ministre, pouvaient toujours opérer
de ces virements de crédit dans la première section
du budget, l'administration devant conserver en
cours d'exercice le droit dont il lui était permis d'u-
ser lors de l'approbation du budget.

Autant cependant les pouvoirs de l'autorité centrale étaient étendus en ce qui touchait le vote et
l'exécution du budget départemental, autant ceux des
conseils généraux étaient limités et restreints.

Ils étaient limités en premier lieu par le principe de
la *spécialité* rigoureuse des recettes et des dépenses de
chaque section, spécialité à laquelle il n'était dérogé
que sur un seul point : la possibilité d'appliquer les
centimes facultatifs aux dépenses ordinaires.

Ce principe devait amener les plus fâcheuses conséquences.

Le législateur de 1838 était convaincu qu'il avait
doté de ressources suffisantes la première section ; il
n'en était rien, et un écart considérable se manifesta
bientôt sur ce point entre les recettes et les dépenses.
En 1855, cet écart était de 7 millions. En vain, le

gouvernement, pour le faire disparaître, rattacha au budget de l'État, les dépenses ordinaires des prisons, qui représentaient un chiffre un peu supérieur au déficit constaté : l'augmentation constante des dépenses, tandis que les recettes demeuraient à peu près les mêmes, rompit de nouveau l'équilibre. Les conseils généraux se virent alors obligés d'avoir recours, pour couvrir leurs dépenses ordinaires, aux recettes de la seconde section, et comme ces dernières étaient les seules sur lesquelles ils eussent un pouvoir complet, la loi de 1838 se trouva, dès lors, faussée dans son application.

Mais l'initiative des conseils généraux, limitée déjà par le principe de la *spécialité* du budget, l'était encore par la nécessité de recourir à une loi toutes les fois qu'il s'agissait de créer des ressources extraordinaires, centimes ou emprunts.

Elle l'était enfin, par l'impossibilité où ils se trouvaient de rattacher les fonds libres du dernier exercice à l'exercice courant, et de leur donner ainsi la destination la plus utile aux intérêts du département.

En échange de toutes ces restrictions qui de différentes façons devaient forcément diminuer ou paralyser les ressources des conseils généraux, la loi leur accordait, dans la distribution du fonds commun, une certaine part destinée à couvrir l'excédant de leurs dépenses obligatoires. Cette répartition était à la fois dangereuse et injuste. Dangereuse en ce sens que les départements, loin d'avoir aucun intérêt à réduire leurs dépenses ordinaires, puisqu'ils ne pouvaient reporter ailleurs les économies ainsi réalisées, en trou-

valent au contraire un très-grand à les exagérer,
pour venir ensuite réclamer une allocation plus forte
dans la distribution du fonds commun. Injuste, en ce
que cette répartition se faisait souvent au profit des
départements les plus riches, qui, disposant de ressources importantes, créaient par exemple de nouvelles
routes, puis venaient ensuite réclamer des secours
pour leur entretien, diminuant ainsi au profit de leurs
contribuables, mais aux dépens de leurs voisins, les
charges qu'ils auraient dû supporter.

Ce fut en grande partie pour remédier aux nombreux inconvénients résultant de cet état des choses,
que fut rendu la loi du 18 juillet 1866. Nous allons
l'étudier ici, non plus comme nous l'avons fait déjà au
point de vue de la gestion des biens, ou de l'exécution des travaux départementaux, mais dans celles
de ses dispositions qui traitent exclusivement des
attributions financières des conseils généraux.

### B. L. 18 JUILLET 1866.

« S'inspirant des principes qui régissent aujour-
» d'hui le budget de l'État, la nouvelle loi a tout d'a-
» bord substitué aux six anciennes sections du budget
» départemental deux grandes divisions appelées
» budget ordinaire et budget extraordinaire. » (1)

*Le budget ordinaire* comprend toutes les dépenses
autrefois inscrites dans les 1re, 2e, 4e et 5e sections ; il
renferme ainsi notamment, sans leur faire perdre leur

(1) Circulaire du ministre des finances du 15 janvier 1868.

caractère distinctif, les services de l'instruction primaire (1) et des chemins vicinaux.

Les recettes se composent : 1° du produit des centimes additionnels ordinaires, annuellement votés par le conseil général dans la limite du maximum déterminé par la loi de finances. Ce maximum est aujourd'hui de 25 c., comprenant les anciens centimes ordinaires (10 1/2) facultatifs (7 1/2) et ceux du fonds commun (7). En cas de besoin les conseils généraux peuvent y ajouter un centime additionnel aux 4 contributions directes.

2° Des produits éventuels énoncés aux n°° 5, 6, 7, et 8 de l'art. 10 de la loi du 10 mai 1838.

3° Des centimes applicables aux chemins vicinaux et à l'instruction primaire.

4° De la part assignée au département dans la répartition du *fonds de secours* dont nous parlerons plus loin.

Le budget extraordinaire comprend les dépenses inscrites dans la 3° section de l'ancien budget. Il y est pourvu au moyen : 1° des centimes extraordinaires ; 2° du produit des biens aliénés ; 3° des dons et legs ; 4° du remboursement des capitaux exigibles et des rentes

(1) Les dépenses de l'instruction primaire rentrent dans le service départemental de l'instruction publique, qui forme lui-même un budget à part, distinct et séparé des deux autres.

Il se divise en 4 sous-chapitres.

Le 1er correspond au service académique, et à l'instruction supérieure et secondaire. (L. 14 juin 1854.)

Les 3 autres sont réservés à l'instruction primaire. Les dépenses comprises dans le 2°, sont les seules obligatoires.

rachetées; 5° du produit des emprunts; 6° de toutes autres dépenses accidentelles.

Cette première modification, qui se rattache surtout à la forme du budget, n'est pas la plus importante; le point capital de la nouvelle loi a été d'une part, un accroissement considérable donné au pouvoir des conseils généraux en matière financière, de l'autre une augmentation de ressources pour les départements.

Un des grands vices de l'ancien système consistait, nous l'avons vu, dans *la spécialité* du budget départemental; ce principe a disparu. S'il y a en conséquence un excédant de recettes dans l'un des deux budgets, rien n'empêchera de le reporter sur l'autre, et de même, si les ressources affectées aux dépenses spéciales ne sont pas complétement épuisées par elles, l'excédant pourra en être appliqué à d'autres crédits.

La loi a voulu donner par là aux conseils généraux une facilité plus grande pour équilibrer leurs budgets.

Elle a pensé que ce serait contribuer au même but que d'augmenter leur liberté d'action, en limitant autant que possible les dépenses obligatoires et laissant pour le surplus à leur sagesse le soin et le devoir d'apprécier ce qui peut et ce qui doit être fait. En conséquence, l'art. 10 porte que si un conseil général omettait d'inscrire au budget un crédit suffisant pour l'acquittement des dépenses suivantes: loyer et entretien des hôtels de préfecture et de sous-préfectures, casernement ordinaire des brigades de gendarmerie, loyer, mobilier, et menues dépenses des cours et tribunaux, et menues dépenses des justices de paix, il y serait pourvu au moyen

d'une contribution portant sur les 4 contributions
directes et établie, par un décret rendu dans la
forme des règlements d'administration publique, dans
la limite du maximum annuellement fixé par la loi de
finances, ou par une loi, si la contribution devait
excéder ce maximum. Le décret est inséré au Bulletin des lois (1).

Nous devons ajouter que l'énumération donnée
par l'art. 10 est incomplète. D'autres dépenses
peuvent encore être inscrites d'office au budget,
ce sont en premier lieu les dettes départementales
qui restent toujours sous l'application de la loi du
10 mai 1838 (2); ce sont aussi les dépenses de l'instruction primaire, dont nous avons parlé plus haut:
« Le caractère obligatoire de ces dépenses n'est pas,
» il est vrai, mentionné dans la loi du 18 juillet
» 1866, mais cette omission a été promptement
» réparée par une loi postérieure du 10 avril 1867,
» qui par son art. 14 ainsi conçu fait revivre l'art. 40
» de la loi du 15 mars 1850 : *Il est pourvu aux dé-*
» *penses résultant des art. 1, 2, 3, 4, 5 et 7 ci-dessus*
» *comme à celles résultant de la loi de 1850, au moyen*
» *des ressources énumérées dans l'art. 40 de ladite loi,*
» *augmentées d'un troisième centime départemental ad-*
» *ditionnel au principal des 4 contributions directes.*
» Or, parmi les ressources énumérées dans l'art. 40
» se trouve l'imposition des centimes spéciaux votés
» par les conseils généraux ou à défaut de vote,

(1) Art. 10. L. 18 juillet 1866.
(2) Art. 20, L. 10 mai 1838.

» établis d'office par décret. Sur cette question d'o-
» bligation en matière d'instruction primaire, le
» doute n'est donc pas possible (1). »

Après avoir ainsi complété le tableau des dépenses obligatoires laissées à la charge des départements, nous ajouterons qu'en dehors de ces exceptions, « aucune autre dépense ne peut être inscrite d'office » dans le budget ordinaire, et que les allocations qui » y sont portées, ne peuvent être ni changées, ni » modifiées par le décret impérial qui règle le » budget (2). »

C'est là, comme nous le disions tout à l'heure, une extension considérable donnée à la liberté d'action des conseils généraux.

Une conséquence importante que nous en tirerons immédiatement, c'est que si les circonstances nécessitaient une modification dans un budget en cours d'exercice, il faudrait un nouveau vote du conseil général ; de là la nécessité de la présentation d'un *budget rectificatif* établi par l'art. 9 de la loi.

Pour permettre de faire face à tous les événements, ce même article autorise de plus l'inscription au budget *d'un crédit pour dépenses imprévues*.

La loi du 18 juillet 1866 ne s'est pas contenté d'étendre ainsi dans ces matières la liberté d'action des conseils généraux, elle a augmenté d'une façon notable les ressources du budget départemental.

Cette augmentation est résultée en premier lieu

<hr>

(1) Circulaire du ministre de l'instruction publique aux préfets, du 25 décembre 1867.
(2) Art. 11, L. 18 juillet 1866.

pour le budget ordinaire de la suppression du *fonds commun*, suppression qui l'a immédiatement doté de ressources importantes par l'attribution des 7 centimes payés jusque-là pour la formation de ce fonds. Les départements qui se plaignaient de verser plus qu'ils ne recevaient ont par là même reçu satisfaction. Quant à ceux pour lesquels l'aide du fonds commun était nécessaire, ils l'ont retrouvé dans la création d'un autre *fonds de secours*, pris sur les ressources générales du budget de l'État, fixé à la somme de 4,000,000 fr., et dont la répartition est annuellement établie par décret rendu en conseil d'État. Il est à remarquer du reste que c'est en cas d'insuffisance seulement des ressources ordinaires *et spéciales*, qu'on a droit à la répartition de ce fonds. « Les départements » qui, n'ayant pas besoin pour assurer le service des » chemins vicinaux et de l'instruction primaire, de » la totalité des centimes spéciaux établis par la loi, » négligeraient d'en faire l'application à leurs dépen- » ses ordinaires, ne pourraient recevoir aucune allo- » cation sur le fonds ouvert par l'art. 7 (1).

Et quant au budget extraordinaire, tandis que la création des ressources destinées à y pourvoir (centimes extraordinaires, emprunts) était dans tous les

(1) Art. 7 et 8, L. 18 juillet 1866. Comme application de ce principe, nous lisons, par exemple, dans le budget du département du Rhône, exercice 1868, au chapitre des observations : « Le département du » Rhône n'ayant pas fait usage de la totalité des ressources ordi- » naires et spéciales mises à sa disposition par la loi du 18 juillet » 1866, il ne peut recevoir l'allocation de 39,803 fr. 32 c. qui lui » a été attribuée sur les fonds de l'État, en vertu de l'art. 7 de cette » loi. » (Art. 1er du décret de répartition du 3 août 1867.)

cas, sous l'empire de la loi du 10 mai 1838, subor-
donnée à l'approbation du Corps législatif, l'art. 2 de
la loi nouvelle autorise les conseils généraux à voter
dans la limite d'un maximum annuellement fixé par
la loi de finances des centimes extraordinaires affectés
à des dépenses d'utilité départementale.

Ils peuvent également, ajoute la loi, voter des emprunts départementaux remboursables sur ces centimes ou sur les ressources ordinaires, dans un délai
qui ne doit pas excéder 12 années.

Enfin, s'il y avait un excédant sur les centimes extraordinaires ou les emprunts, le conseil général aurait la faculté d'en disposer, sans être tenu pour cela
de recourir comme sous l'ancienne législation, à une
nouvelle approbation de la Chambre.

Une dernière ressource a été introduite dans le
budget départemental, par la loi du 18 juillet 1866.
Jusqu'à cette époque, à l'exception des centimes
affectés à la vicinalité et aux chemins de fer départementaux, les forêts de l'État ne contribuaient à
aucune des charges supportées par les autres propriétés productives de revenus. La commission
chargée de l'examen du projet de loi demanda qu'on
fît cesser ce privilége. Le conseil d'État admit l'amendement, mais en le réduisant à la moitié de la
valeur imposable. Dorénavant, en conséquence, les
forêts et bois de l'État acquitteront dans cette proportion les centimes additionnels ordinaires et extraordinaires affectés aux dépenses des départements.

Nous ferons, pour terminer l'exposé des innovations introduites par la loi nouvelle dans ces matières,

une dernière observation sur l'assiette des centimes additionnels départementaux.

On a pu remarquer, dans ce que nous avons dit jusqu'à présent, que ces centimes ne portaient jamais que sur les 2 contributions foncière et personnelle-mobilière. Cette anomalie peut s'expliquer historiquement quant aux centimes additionnels ordinaires; lorsqu'ils furent créés en effet par une loi du 10 avril 1791, l'impôt foncier et l'impôt personnel étaient les seuls alors existants.

La même raison ne peut s'appliquer aux centimes facultatifs dont la création ne remonte qu'à l'an XIII. Si on fit de même alors qu'en 1791, ce fut uniquement par routine.

C'est à cet état de choses que la loi du 18 juillet 1866 est venu apporter une dernière modification, en décidant dans son art. 6 que dorénavant tout centime additionnel, ordinaire ou extraordinaire, établi en sus de ceux qu'elle autorise devrait porter sur les quatre contributions directes.

Tel est l'ensemble des dispositions au moyen desquelles la loi du 18 juillet 1866 s'est efforcé d'augmenter la liberté d'action des conseils généraux, les ressources des départements et de rétablir l'équilibre dans leur système financier.

Nous savons maintenant comment est composé le budget départemental, par qui il est voté et quelle est l'autorité chargée de l'approuver. Il nous reste quelques mots à dire de son exécution.

L'*exercice* ou période d'exécution du budget départemental comprend toutes les dépenses faites du 1<sup>er</sup> janvier au 31 décembre de l'année dont il porte le nom. Un certain délai a dû être, en outre, accordé pour les mandater et les payer, et c'est ainsi que la durée de l'exercice s'est trouvé prolongée dans l'année suivante jusqu'au 31 mars pour *l'ordonnancement* et au 30 avril pour le payement des dépenses effectuées (1).

A l'expiration de chaque exercice les *fonds libres*, ceux qui résultent notamment d'économies réalisées, sont cumulés suivant la nature de leur origine avec les ressources de l'exercice courant, pour recevoir dans le vote du *budget rectificatif*, l'affectation nouvelle qu'il plaît au conseil général de leur fixer (2). Entre autres avantages, la création d'un budget rectificatif a donc permis de donner aux *fonds libres* une destination immédiate, tandis que, si nous nous le rappelons, sous l'empire de la loi du 10 mai 1838 ces mêmes fonds ne pouvaient être employés que la seconde année après celle pour laquelle ils avaient été votés.

Quant aux fonds qui n'ont pu recevoir leur emploi dans le cours de l'exercice, ils sont, après clôture, reportés sur l'exercice en cours d'exécution, avec l'affectation qu'ils avaient au budget voté par le conseil général, et composent le *budget de report* présenté chaque année par le préfet à l'approbation du ministre de l'intérieur.

(1) Cet intervalle était plus étendu encore avant la loi du 18 juillet 1866 ; depuis lors l'établissement d'un *budget rectificatif*, la possibilité d'y comprendre, ainsi que nous l'exposons quelques lignes plus bas, les fonds libres de l'exercice précédent, exigeaient qu'on en limita la durée.

(2) Art. 5, L. 18 juillet 1866.

L'exécution du budget départemental appartient au préfet. Ses pouvoirs ont été considérablement diminués par l'effet de la loi du 18 juillet 1866 qui en limitant à 5 le nombre des dépenses *obligatoires* a par là même restreint à fort peu de cas la possibilité des *virements.*

Chaque année, après la clôture de l'exercice, le préfet rend ses *comptes.* Chargé de faire les dépenses, d'exécuter les délibérations du conseil général, il doit mettre sous ses yeux le tableau de son administration et justifier de l'emploi des crédits qui lui ont été alloués. Il rend compte ainsi des recettes et des dépenses; d'une part établissant le chiffre des recettes *prévues* et des recettes *réalisées,* de l'autre indiquant les dépenses *effectuées,* et celles qui *restent à faire,* distinguant parmi les premières celles qui ont été mandatées et payées, mandatées et non payées, ou non mandatées. Par cette comparaison des recettes réalisées et des dépenses effectuées, mise en regard des crédits alloués par chaque article, il justifie de l'exécution de son mandat.

Il doit rendre compte en outre de l'emploi du fonds de non valeur mis à sa disposition par le ministre des finances.

Les comptes du préfet sont déclarés par le trésorier payeur général conformes à ses écritures; ils sont provisoirement arrêtés par le conseil général, définitivement réglés par décret; puis enfin rendus publics par la voie de l'impression.

Nous venons de parler des écritures du payeur central. C'est en effet par ce fonctionnaire que sont acquittées sur le vu des mandats délivrés par le préfet, les dépenses départementales. Le préfet n'est pas du reste l'*ordonnateur principal*; les crédits ouverts au budget sont mis à sa disposition par des *ordonnances de délégation*, que délivre le ministre de l'intérieur, à mesure et dans la proportion de l'exécution des dépenses.

Quant aux recettes, elles sont effectuées pour les centimes additionnels par le percepteur, et par le receveur général du trésor pour les autres ressources. La comptabilité départementale se fait donc par les mêmes agents que la comptabilité publique.

Le budget départemental est rattaché à celui de l'État sous forme de *chapitres* dépendant des différents ministères; il se trouve ainsi placé sous le contrôle du Corps législatif qui est appelé d'une façon générale à le voter chaque année.

Les délibérations des conseils généraux, dans ces matières, sont donc soumises à une double sanction; il est même un cas dans lequel l'action du pouvoir pourrait se substituer à la leur, c'est celui où un conseil général ne se réunirait pas, ou se séparerait sans avoir arrêté les dépenses *ordinaires*, c'est-à-dire *obligatoires*, du département; le budget, en pareille circonstance, serait établi d'office par le préfet en conseil de préfecture, et réglé par décret.

## SECTION III.

### DES CONSEILS GÉNÉRAUX ASSEMBLÉES CONSULTATIVES.

Nous arrivons à la dernière forme des attributions des conseils généraux : les *avis* et les *vœux*.

L'administration peut toujours recourir aux lumières des conseils généraux ; dans certains cas, elle est même tenue de prendre leur avis. Il en est ainsi notamment, lorsqu'il s'agit des matières suivantes : changements proposés à la circonscription territoriale du département, des arrondissements, des cantons et des communes et à la désignation des chefs-lieux. — Difficultés relatives à la répartition ou la dépense des travaux qui intéressent plusieurs communes. — Établissement, suppression ou changement de foires et marchés dans le département.

Cette énumération n'est pas limitative, ainsi que cela résulte de l'art. 6 de la loi du 10 mai 1838 ; il peut exister un grand nombre de cas dans lesquels l'autorité supérieure soit tenu de demander l'avis préalable des conseils généraux. Si elle essayait de se soustraire à cette obligation il y aurait de su part excès de pouvoir ; à ce point de vue l'absence de l'avis ou de la délibération d'un conseil général, dans le cas ou la loi l'exige, pourrait donner lieu à un recours.

Nous ne voulons pas dire par là qu'il y ait une ressemblance absolue entre les délibérations et les avis des conseils généraux. Les premières sont des actes ; l'autorité peut sans doute refuser de leur donner son approbation, elle n'a pas le droit de les modifier et de se substituer à la représentation départementale elle-même. Les avis au contraire n'ayant pour objet que d'éclairer le gouvernement sur l'utilité de telle ou telle mesure, il lui est permis d'en faire l'usage qu'il lui plaît.

En dehors des avis, les conseils généraux peuvent

adresser directement au ministre de l'intérieur, par l'intermédiaire de leur président, les réclamations qu'ils auraient à présenter dans l'intérêt spécial du département, ou des différents services publics qui s'y rattachent.

# APPENDICE.

Ce travail touchait à peine à sa fin que, sous l'influence d'événements politiques récents, une ère nouvelle allait s'ouvrir pour les conseils généraux. Du jour où le pays était appelé à se gouverner lui-même et à faire seul ses propres affaires, on sentait universellement le besoin de l'habituer à l'exercice de ses droits, en augmentant l'importance des assemblées provinciales, en étendant leur liberté d'action, en les autorisant à se faire l'interprète des vœux et des sentiments de l'opinion publique. Cette préoccupation qu'on retrouve, ainsi que le remarquait un des orateurs du Corps législatif, dans les programmes de la représentation nationale, dans la création d'une commission de décentralisation, dans le discours du 21 mai, où il est parlé de porter l'activité du centre aux extrémités du pays, dans la presse, dans les vœux mêmes des conseils généraux, cette préoccupation, disons-nous, a reçu une première satisfaction par la présentation d'un projet de loi, soumis le 4 juin dernier aux discussions de la chambre.

Nous nous contenterons d'en énumérer rapidement les dispositions.

L'art. 1ᵉʳ reconnaît aux conseils généraux le droit

de nommer leur bureau, c'est-à-dire leurs président, vice-président et secrétaire. Par là même se trouve renouée la tradition qui depuis l'an VIII leur réservait ce privilège.

L'art. 2, modifié par un double amendement, les autorise à faire leur règlement, à déterminer notamment tout ce qui concerne la rédaction et le mode de publication de leurs procès-verbaux, et consacre la publicité de leurs séances, tant par la publication des débats et l'insertion au compte-rendu rédigé sous la surveillance du président, du nom des membres qui ont pris part à la discussion, que par l'admission du public dans la salle des délibérations, à moins que la majorité des membres du conseil ne demande le scrutin secret. La presse ne peut publier d'autres compte-rendus des séances que ceux dont nous venons de parler; les infractions à cette disposition seraient punies d'amende.

Tout habitant ou contribuable a, d'après l'art. 3, le droit de demander communication sans déplacement, et de prendre copie des délibérations.

Les art. 4 et 5 sont relatifs aux conseils d'arrondissement et au conseil général de la Seine.

L'art. 6 contient l'innovation la plus considérable peut-être de la loi, car, en proclamant le droit pour les conseils généraux d'émettre tous les vœux d'intérêt général, et tous les vœux politiques qui ne sont pas contraires à la Constitution, il modifie complètement, par là même, le caractère et la nature de ces assemblées, et en fait, suivant une expression empruntée aux débats de la chambre, *des parlements au petit pied*.

En dehors du projet présenté par le gouvernement et des amendements dont nous avons déjà parlé, un autre amendement, enlevant aux *juges de paix* le droit de faire partie des conseils généraux dans les cantons où ils exercent leurs fonctions, a été adopté par la chambre, qui a ainsi converti en disposition légale, une circulaire récente du garde des sceaux, sur le même objet.

Le Corps législatif a rejeté, par contre, deux autres propositions tendant, l'une à créer un certain nombre d'*incompatibilités* nouvelles entre les fonctions de conseiller général et celles de présidents des tribunaux civils, juges d'instruction, membres des parquets des cours et tribunaux de première instance dans les ressorts et arrondissements où ils exercent leurs fonctions; l'autre, à donner aux conseils généraux le droit de statuer sur la validité des pouvoirs de leurs membres.

Tels sont les points sur lesquels a porté, au sein du Corps législatif, la discussion relative à l'organisation nouvelle des administrations départementales; ce projet de loi, s'il est adopté toutefois par le Sénat, marquera le point de départ d'une révolution considérable dans les pouvoirs et les attributions de ces assemblées; il sera le commencement d'une série de réformes annoncées par le gouvernement aux chambres et destinées à étendre de plus en plus les droits de la représentation locale. Quelle que soit l'opinion de chacun sur la portée de telle ou telle de ces innovations, on ne peut qu'applaudir au but auquel elles tendent. A une époque où l'initiative privée est appelée à se faire jour dans la direction même des affaires de l'État, il importe de former de bonne heure les hommes à la pratique des assemblées publiques et des institutions libres. Où peut-on cependant acquérir de pareils enseignements, si ce n'est au sein des administrations municipales et départementales, là surtout l'habitude de débattre librement les affaires communes, accoutume les esprits aux luttes de la vie publique et les prépare ainsi à exercer plus tard une salutaire influence dans la gestion des intérêts de leur pays.

Paris. — Imprimerie de E. BONNAUD, rue Cassette, 9.

[illegible]
[illegible]
[illegible]
[illegible]
[illegible]
[illegible]
[illegible]
[illegible]
[illegible]
[illegible]